跟大师学投资丛书
FOLLOW THE MASTER INVESTMENT

U0890177

# 石油与美元

未来10年影响我们
生活与投资布局的经济武器

马林·卡祖沙（Marin Katusa）◎著
林力敏◎译

SPM
南方出版传媒
广东经济出版社
·广 州·

**图书在版编目（CIP）数据**

石油与美元：未来10年影响我们生活与投资布局的经济武器/（美）马林·卡祖沙著；林力敏译. —广州：广东经济出版社，2018.2
ISBN 978-7-5454-5976-0

Ⅰ. ①石… Ⅱ. ①马… ②林… Ⅲ. ①石油经济-研究-世界②美元-研究Ⅳ. ①F416.22②F827.12

中国版本图书馆CIP数据核字（2017）第303733号

Title: The Colder War: How the Global Energy Trade slipped from America's Grasp
ISBN: 978-1-118-79994-9

出 版 人：姚丹林
责任编辑：陈念庄　高文彪

| | |
|---|---|
| 出版发行 | 广东经济出版社（广州市环市东路水荫路11号11~12楼） |
| 经销 | 全国新华书店 |
| 印刷 | 广东省农垦总局印刷厂<br>（广州市天河区棠东路横岭三路11~13号） |
| 开本 | 730毫米×1020毫米　1/16 |
| 印张 | 12 |
| 字数 | 172 000字 |
| 版次 | 2018年2月第1版 |
| 印次 | 2018年2月第1次 |
| 印数 | 1~5 000 |
| 书号 | ISBN 978-7-5454-5976-0 |
| 定价 | 48.00元 |

如发现印装质量问题，影响阅读，请与承印厂联系调换。
发行部地址：广州市环市东路水荫路11号11楼
电话：（020）38306055　37601950　邮政编码：510075
邮购地址：广州市环市东路水荫路11号11楼
电话：（020）37601980　营销网址：**http://www.gebook.com**
广东经济出版社新浪官方微博：**http://e.weibo.com/gebook**
广东经济出版社常年法律顾问：何剑桥律师

# 目 录
CONTENTS

# 第一章　失落十年的终结

现在我要告诉你一个故事，你会希望这故事不是真的。

可能几年内，白宫战情室将召开一场能源会议，大概从一大清早开始，欧洲走在前头的石油交易员与货币投机客正在匆忙应对变局。与会者个个忧心忡忡，却也一筹莫展，毕竟美国怎么做都是大祸临头。

总统听贴身顾问解释完困难的局面，沉默许久后才终于开口："你是说一切——一切——都很惨吗？"

他说得没错。此时此刻美国没有什么好选项，只有不那么糟的选项。

别指望这群参与会议的政府高层能有多足智多谋，能想得出解决之道。届时要解决难题的人，与如今袖手放任灾难愈演愈烈的人，其实半斤八两同属一类。

他们当中有些人根本不是很懂，不过是把人类所有的纷纷扰扰看得如同卡通，只是一组白帽人跟一组黑帽人在起冲突。其他人虽然知道世界局势错综复杂，但仍想把一切化为好人对抗坏蛋的二分戏码，既比较简单，在政治上也比较方便。

许多年来，美国政界跟媒体联手把普京塑造为粗野的恶霸，如同苏联情报机构"国家安全委员会"（简称"国安会"，KGB）的遗毒，一个冷酷无情的恐怖恶徒、骄傲自大的拿破仑接班人、所谓有行动力的莽汉，普京尤其爱称颂他自己的高度行动力，就连理当看得更清楚的美国前国务卿希拉里都把他比喻为希特勒。

他确实冷酷无情，但也远远不止于此。自从我投入钻研全球能源市场以来，就开始分析普京的一举一动，至今已有多年。他是一个复杂的人，但美国民众往往被政治人物牵着鼻子走，只看见简化过的形象。他不是混世魔王，但远比你所知的来得更加危险。

华府政治圈长年把他贬低为一个暂时带领俄国的骗徒，一颗注定在俄国政坛上陨落的流星，但这种看法真是大错特错。矮个子往往易遭忽视，这对普京是个好处，他是武术冠军，即使60多岁仍肌肉分明。此外，西方国家和媒体一心想扭曲他所展现的男子气概，借此把他塑造成可笑的小丑，而非危险的对手。

然而，华府不该把他视为冷战的遗患，也不该以为俄罗斯早已从雄狮沦为羔羊。华府该明白普京替“祖国母亲”（Mother Russia）制定了长远规划，而且是长达数十年的蓝图，不像美国政客几乎只在乎四年一度的选举。这份规划与所需资源都很可行。15年来，普京积极筹措资金，把局势导向“第二场冷战”，我则喜欢称之为“更冷的冷战”。他志在必得，务求取胜。

他的制胜战略不是凭枪炮弹药，而是靠掌控全球的能源供应。

美国迄今的失败已无从弥补。现在我能做的是把冷战真貌向你娓娓道来，理清国际大事背后的来龙去脉，说明各个事件并非乍看那般互不相干，而是环环相扣。我会解释普京许多行动背后的缘由，让你能借此判断他接下来的动向。我会点出虽然国际势力的消长和变化罕有人察觉，但其实清清楚楚，就在我们面前。

一切关乎能源：石油、天然气、煤、铀，以及水力发电等。如今当你谈能源，就是在谈普京，反之亦然。

世界的运作有赖能源。过去60年，美国大半时期欣欣向荣，主要原因一是美国主宰能源市场，二是能源等资源以美元交易——这真是很好的独占优势。美国身为世界霸主已久，光是想象局势可能改变就令人吃惊。

然而，美国的力量正缓慢减弱，普京则准备施展最后一击。美国在为绿色能源犹豫不决之际，俄罗斯却由普京坚定带领。

## 失落的十年

如果想了解普京正把俄罗斯带往何处，你必须回顾俄罗斯失落的十年，也就是 1991 年苏联瓦解之后的十年。如果你是一般的俄罗斯平民，应该体会到苏联瓦解以后的日子堪称相当混乱，不仅艰辛困苦，而且动荡不安。如果你是西方人，你会为赢得冷战而欢欣鼓舞。而如果你是普京，你会在愤怒中变得强悍，并为未来做好准备（见图 1. 1）。

由于俄罗斯在 20 世纪 90 年代以后迅速崛起，我们很容易忘记当年俄罗斯面临多惨的局面（见图 1. 2）。

那十年黯淡无光，法律不严，黑道大赚脏钱，政坛人物茫然不知该如何带领国家走向未来。国有企业民营化的计划过于天真，寡头大亨趁机游走于法律边缘，几乎一夜之间赚进亿万财富。

少数人吃香喝辣，广大民心却低落消沉，漫长的阿富汗战争以失败收场，接着眼看苏联分崩离析，而政府先前还告诉他们说苏联帝国会长长久久屹立不倒。民族骄傲沦为痛苦记忆。

国家经济倒退，新诞生的俄罗斯联邦政府里却没有任何人知道该怎么办。利伯维尔场经济才刚兴起，私人企业的规模太小而且不成气候，没有银行了解信用风险，也没有人清楚股票、债券、商品或任何市场法则，只清楚长期兴盛的黑市，而且黑市日后也会继续兴盛。私人财产权只是大家不甚明白的口号，卢布在国外没有多少价值，在国内却引起严重通货膨胀。工作难找，数百万人失业，基础建设越来越糟，无数民众的生活变得穷困拮据。

这正是艰苦时代的写照。民众看不到希望，许多人高声疾呼恢复原有经济状态，至少在原有经济状态下他们知道状况如何（苏联时代流行一个笑话：我们假装有在工作，他们假装有付工资），而且问题还不只出在经济层面。

图1.1　独立国家联合体（CIS）

资料来源：world Atals

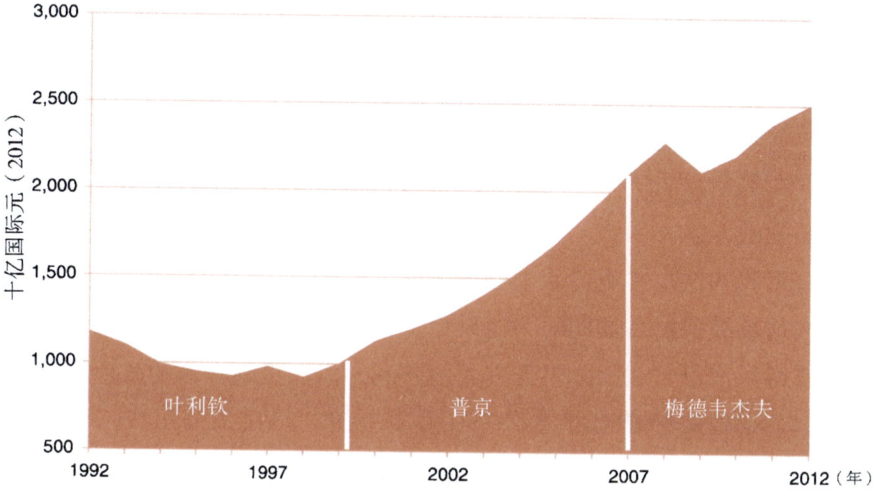


**图 1.2　俄罗斯在苏联解体后的国内生产毛额（购买力平价）走势**

资料来源：图际货币基金组织 ⓒCasey Research2014

车臣是一个棘手的问题。信奉伊斯兰教的车臣人拥护分离主义运动，在苏联解体之后，他们认为有机会寻求独立，第一次车臣战争因此在 1994 年年底爆发。

当时俄罗斯总统是叶利钦，也就是普京的前一任总统。尽管俄罗斯在军力、武力与空中补给等方面都占有优势，却跟车臣游击队陷入血腥残酷的酣战，双方迟至 1995 年 12 月仍僵持不下。

车臣反叛军能取得耀眼战果，主要归功于车臣的黑帮长期势力庞大。即使在苏联时期，俄罗斯的黑社会性质组织已由车臣的黑帮所主宰，因此在 20 世纪 90 年代可谓给车臣武装分子铺路。需要精良武器对抗俄军吗？没问题，车臣反叛军知道哪些俄罗斯军官乐于提供武器来换取一袋现金或苏黎世银行的一笔存款。车臣黑帮的势力遍及全俄罗斯，给反叛军提供大量资金。

1995 年年底，俄军士气彻底涣散，再加上俄罗斯民众仍记得阿富汗战争的惨状，所以特别反对与车臣反叛军的冲突对抗，叶利钦政府只得于 1996 年年底宣布停战。

双方都为这场战争付出惨痛代价。根据官方统计，俄军死亡人数为5500人，但实际数字可能是两倍，车臣反叛军的死亡人数将近15000人。平民方面较难统计，但死亡人数应有3万~10万人，受伤人数更是高出数倍，超过50万名民众流离失所，车臣境内的城市与村落满目疮痍。对莫斯科当局而言，所有伤亡损失并非胜利的代价，反而昭告了他们的失败。

普京深知这次惨败，从中记取教训。

在这场战争的多数期间，他只是圣彼得堡里的一个政界小角色，担任圣彼得堡市市长在国际事务方面的顾问，离克里姆林宫的政治核心十分遥远，但他满怀雄心壮志，一心力争上游，招兵买马组成一个小圈圈，这群“圣彼得堡小子”对普京相当忠诚，堪称他唯一信任的心腹。

这个小圈圈的成员后来占尽好处。比方说，由于普京碍于法律规定不得连续担任三任总统，梅德韦杰夫（Dmitry Medvedev）最终从普京手中接下总统宝座，并任命普京为总理。梅德韦杰夫担任一任总统后即不再续任，普京得以重新当选总统，并任命梅德韦杰夫为总理——这如同一扇旋转门，足以转个数十年。

其他成员则主宰俄罗斯的经济，尤其是能源产业，普京在圣彼得堡的左右手谢钦（Igor Sechin）即为一例。

## 前往莫斯科

1996年6月，普京以前的同事邀请他加入叶利钦政府，于是他率领这群圣彼得堡小子前往莫斯科。俄罗斯政坛凶险，普京这般安排心腹在侧的做法可谓相当聪明，或相当谨慎。无论如何，这招足以抵挡政敌，当他日后出手巩固势力之际，这群心腹也形同攻不破的后盾。

在普京来到莫斯科之际，叶利钦政府的经济政策面临巨大挫败，车臣的战事也陷入泥潭。普京知道他能做得更好，便开始一步步爬上权力的高峰。他认为第一要务是一劳永逸地摧毁车臣反叛军，而且要处理得更好。

第一次车臣战争结束后的那些年，车臣地区局势混乱，反叛军政府宣称车臣为独立的共和国，但未能有效控制当地局势，首都格罗兹尼一片断壁残垣，首都以外的地区尤其不受政府管控，各方势力割据自立的区域持续扩大。战后百废待兴，就业机会欠缺，数千名凶残嗜血的反叛军坐拥强大火力，虽然不再打仗，但仍蓄势待发伺机一战。

首都格罗兹尼以外的军阀不把车臣政府放在眼里，忙着侵袭北高加索的其余地区。在反叛军政府统治的3年期间，绑架成为国家的主要收入来源，带来超过2亿美元的收入。1996年到1999年，超过1300人在车臣遭到挟持绑架，在1998年有4名西方人质惨遭处死。

各地紧张局势升温。瓦哈比派（译注：瓦哈比派源自沙乌地巴拉伯，属于极端保守的伊斯兰教派）的武装势力引起政治与宗教冲突，冲突范围日益扩大，强度不断增加，频率日益升高。1998年，车臣政府宣布国家进入紧急状态。

普京在这时登场。普京原本是苏联情报机构“国安会”里不起眼的特工，现在成为耀眼的政治明星，颇受叶利钦的赏识。1998年7月，叶利钦任命普京为联邦安全局（FSB，前身为“国安会”）的局长，短短一年之后，再任命普京为总理。

事后回想，普京堪称迅速跃居高位，但当时没人看好普京，毕竟他是叶利钦在8年来委任的第六位总理，这个职位没有未来，大家也不认为他能做得比前几任更久。

这并非是他最后一次被众人轻视。

普京当上总理以后，立刻把注意力转向车臣的乱局，却不把乱局看成是无解的难题，反而看成是可贵的机会，这足以证明他跟优柔寡断的叶利钦截然不同。他有信心取叶利钦而代之，但那是之后的事，现在他当的是总理，首先要好好处理车臣问题，取得跟第一次车臣战争大不相同的结果。

一般认为，车臣、达吉斯坦、阿拉伯，以及瓦哈比派圣战士组成两支武装部队，共计约2000人，在1999年8月与9月入侵邻近车臣的达吉斯坦共和国，导致第二次车臣战争爆发。这起入侵行动以失败收场，叛军在9月中就败走车臣。

纷争本该到此结束，回复先前的局势，岂料炸弹就此引爆。

## 数起爆炸案

1999年9月4日，第一起爆炸案发生于达吉斯坦的布伊纳克斯克城，而这只是共计4起爆炸案的序幕。当天深夜，一辆载着炸弹的大卡车爆炸，把俄军家眷居住的大楼夷为平地，造成64名住户丧命，现场惨不忍睹。一名车臣的穆斯林自称为爆炸案主谋，虽然后来改口否认，但已影响大家把后续爆炸案的矛头指向何处。

5天后，莫斯科也发生爆炸攻击，地点在莫斯科东南边的劳工阶级小区，古里亚诺瓦街的一栋8层公寓大楼。这次炸弹不是装在卡车上，而是藏在大楼的地下室，但结果差不多，整栋大楼应声坍塌，94名住户在睡梦中失去生命。

俄罗斯民众原本并不关注达吉斯坦的惨剧，但古里亚诺瓦街可是位于俄罗斯的心脏地带。警报就此响起。几小时内，俄罗斯的政府官员纷纷把矛头指向车臣恐怖分子，各大城市进入高度警戒状态，数千名警力出动，看到任何疑似来自车臣的人就上前盘问，其中数百名遭到逮捕。公寓住户也自行组队在小区内巡逻戒备，所有政党组织呼吁政府展开报复行动。

值得注意的是，俄罗斯政府不是把爆炸地点当成案发现场，展开详细调查，而是在事发几天后把现场夷为平地，碎片瓦砾全运往郊外掩埋场。当局似乎并未搜集任何物证，即使有也是锁在联邦安全局的档案室，没留下任何物证供第三方查验。

4天后，也就是1999年9月13日凌晨，正当莫斯科几乎陷入疯狂之际，有关当局截获情报，安全人员前往莫斯科郊区卡希拉快速道路六之三号的公寓大楼调查是否有可疑事情。但在现场一无所获，凌晨2点左右离开，但不知为何并未发现地下室藏有大量炸弹。凌晨5点3分，炸弹引爆，这栋9层公寓大楼倒塌，121人不幸丧生。

接下来发生另一件怪事。同一天早上，俄罗斯下议院的议长谢列兹尼奥夫（Gennady Seleznyov）向其他议员提出一份报告，说明他刚获悉昨晚有一栋公寓大楼遭炸弹攻击，地点在莫斯科南方 110 千米的伏尔加顿斯克市。

前一晚确实有公寓大楼遭炸弹攻击，却是在卡希拉快速道路六之三号，与谢列兹尼奥夫所说的地点完全不符。这原本像是无关的粗心错误，没想到 3 天后，在伏尔加顿斯克市确实有一栋公寓遭炸毁。

“怎么会有这种事？”一位下议院议员问：“你在周一说有爆炸案，结果却迟到周四才真的发生？”

这位议员没有得到答案，反而是麦克风被切断。

许多观察家开始怀疑这是一桩阴谋，联邦安全局事先对爆炸案知情，只是局里的人向谢列兹尼奥夫通报时弄错爆炸案的顺序。

伏尔加顿斯克市确实发生爆炸事件，却是在 3 天后，也就是 9 月 16 日，炸弹被安置在卡车上，导致 17 名住户死亡。

直至这时，政府仍宣称车臣恐怖分子是 4 起爆炸攻击的罪魁祸首。这是一个容易煽动的风向。俄罗斯人对车臣深感厌恶，在车臣战争期间变本加厉：车臣反叛军在战争期间毫不犹豫地把矛头指向俄罗斯本身，连平民也不放过。

尽管如此，有些人仍不太接受政府的解释。他们问车臣分离主义分子有什么动机？战争已于 1996 年结束，叶利钦同意车臣自治，车臣分离主义分子发动战争的目标业已达成，为什么现在要冒着惹怒俄罗斯政府的风险而发动爆炸攻击呢？

随后，在莫斯科东南方 200 千米处的利珊市，另一件非常奇怪的事情发生了。

9 月 22 日晚上，由于俄罗斯民众仍保持高度戒备，当一辆白色芝谷丽轿车停在利珊市诺夫约洛夫街十四之十六号的公寓旁，里面的居民觉得十分可疑。两名男子从后车厢拿出几个大袋子，搬进地下室，随后迅速扬长而去，住户见状陷入恐慌之中。

住户打电话给警方。警方到场以后在地下室发现 3 个连接定时引爆装置的504克大袋子，立刻疏散住户，并找来当地一名联邦安全局的炸弹拆除专家，他认为袋内装有军用炸药“黑索金”，足以摧毁整栋建筑。同一时间，警方封闭所有出城道路，针对那辆白色芝谷丽轿车展开大规模搜捕行动。

第二天下午，这起事件的消息传遍俄罗斯。普京总理秀出健美肌肉，称赞那些住户很有警觉心。俄罗斯内政部长则称赞相关单位近来大有进步，才能顺利阻止爆炸袭击。

事情也许正如表面上的样子，奇怪的是晚上警方逮捕了那两名犯罪嫌疑人，但他们身上都有联邦安全局的识别证，而且不久之后，位于莫斯科的联邦安全局总部致电当地警方，要求释放两人。

第二天早上，联邦安全局局长帕特鲁舍夫（Nikolai Patrushev）出现在电视上，提出截然不同的说法。他解释说这不是一起恐怖袭击，而是联邦安全局为了测试大众警觉性的“临时演习”，至于地下室的大袋子也没有装炸药，只有装砂糖。

那几袋砂糖无法消除疑虑。联邦安全局总部说是砂糖，联邦安全局在利珊市当地的炸弹拆除专家却说是炸药，这该如何解释？如果确实是临时演习，为什么联邦安全局在利珊市的分部没有接到通知？为什么联邦安全局局长要时隔一天半之后才出来辟谣？但如果他在说谎，为什么后来利珊市不再出现炸弹攻击？如果车臣恐怖分子确实在利珊市那栋公寓放置炸弹，那么他们绝对不会因为一次挫败就打消袭击念头。

我们大概永远无法知道真相，许多试图查出真相的调查人员甚至接连死于非命。

## 第二次车臣战争

无论真相如何，总之普京抓住这次机会，准备好好利用俄罗斯民众对恐怖主义的恐惧与对第一次车臣战争失利的耻辱心理。

1999年9月23日晚上，正当刚就任总理的普京在称赞民众很有警觉心之际，俄罗斯战机袭击车臣首都格罗兹尼。一周后，先前数月已经集结在边境的俄罗斯大军进入车臣。第二次车臣战争爆发。

这一次俄罗斯大军采取焦土策略，把武器瞄准平民百姓。为了避免重蹈第一次车臣战争死伤惨重的覆辙，大部队改为缓缓前进，利用大炮与战机瓦解车臣反叛军的防御工事。80 万名车臣平民当中，只有 30 万名平民逃了出去。

俄罗斯大军不肯轻易放过车臣平民。他们在车臣北部建立所谓的筛验营，任何疑似反叛军的分子都关在里头。格罗兹尼原本由反叛军控制，现在再度遭到俄军猛攻。

外界把这比作德勒斯登大轰炸或广岛原子弹爆炸，但俄罗斯当局禁止人权组织与记者进入战区，很少有消息传到外界。普京善于对媒体封锁消息，这可不是最后一次。

由于俄军在车臣取得胜利，普京顺势使出了惊人的一招：12 月 31 日，支持率跌至个位数的叶利钦突然宣布辞职。根据俄罗斯宪法的规定，普京接替叶利钦的位子，成为代理总统。

普京在 1998 年 7 月才刚升任联邦安全局局长，短短一年后出任总理，不到 5 个月后更成为代理总统，其升迁速度可谓相当惊人，在俄罗斯政坛前所未见。

这在普京的预料之中吗？这全由普京一手策划吗？我们当然无从知晓。不过，无论是出于精心策划还是机缘巧合，至少我们知道他很擅长把握时机。

普京知道俄罗斯民众渴求哪一种领袖，因此决定立刻展现大胆无惧的硬汉形象，不是乖乖坐在总统办公室里，而是飞到战场亲自指挥部队，显得与官兵团结一心，这是前任总统叶利钦绝对不会做的举动。俄罗斯民众注意到他展现出的强悍一面。

俄军在 1999 年年底围攻格罗兹尼，翌年 2 月接管全市。这一回，战事迅速结束。

虽然普京得以宣布战胜，但这次的大规模军事攻击行动并未带来和平。遍及北高加索地区的车臣激进分子持续大量屠杀俄罗斯人民，往后数年不断挑战俄罗斯对车臣的政治控制。

2002年到2004年，车臣激进分子带领他国武装分子对俄罗斯平民展开恐怖袭击，约200个俄罗斯平民遭炸死，两起大规模的人质挟持事件更跃上新闻头条：2002年一群车臣游击队员在莫斯科戏院挟持916名人质，2004年则在贝斯兰市一间中学挟持1120名人质，造成数百位平民丧命。当莫斯科戏院挟持事件陷入僵局之际，联邦安全局特种部队在事件第三天带着致命化学毒剂强行攻入剧院。

然而，普京表现得若无其事，仿佛乱局早已结束。他在2005年5月对车臣实施直接管治，次月任命卡德罗夫（Akhmad Kadyrov）为车臣共和国总统。2003年3月23日，车臣人民举行宪法公投，公投结果是车臣仍属于俄罗斯的一部分，但享有高度自治权。

这次公投由俄罗斯政府大力推动，但分离主义分子不予承认，许多民众出面抵制。之后卡德罗夫遭炸弹暗杀身亡。他的儿子小卡德罗夫（Ramzan Kadyrov）领导亲俄民兵部队，在父亲死后成为车臣的实质领袖，并在2007年2月由普京任命为车臣总统，尽管许多反叛军欲取他的性命，但他至今仍安坐总统宝座。

外界仍怀疑1999年9月那几起爆炸案并非车臣恐怖分子所为。尽管车臣恐怖分子有动机、技术，以及机会，怀疑论者依然追问：联邦安全局是否密谋让自己人（也就是普京）当上总统？因此把爆炸案嫁祸给车臣恐怖分子？

不对，俄罗斯法院如是说。针对爆炸案的刑事调查在2002年完成且经过法院审理，指出爆炸案是出自伊斯兰激进分子之手，目的是报复俄军向达吉克斯坦逆袭的军事行动，6名犯罪嫌疑人被判有罪。

## 普京即位

无论爆炸案的真相怎样，总之爆炸案导致俄罗斯对车臣出兵，此一军事行动由叶利钦下令展开，但主要是由普京策划，普京因而以黑马姿态攀上政坛顶峰。换言之，普京利用爆炸案替自己增加声望。

1999年8月的民调指出，虽然普京有叶利钦的支持，却只有不到

2% 的民众支持普京当总统（或者说因为有叶利钦的支持反而被扣分）。然而，选举日来临时，局势已截然不同。

普京面对许多反对声浪，却仍不断为 2000 年 6 月的总统大选积极准备。后来由于叶利钦临时辞去总统职位，总统大选提前至 3 月举行。那时民众对普京朝车臣全面宣战的模样仍记忆犹新，他的声势水涨船高，对手则声势低迷，结果普京获得 53% 的选票，成功当选总统。

普京政权就此展开。他最钦佩的历史人物是彼得大帝，而他也继承彼得大帝的雄心，誓言让俄罗斯再度成为举足轻重的超级强国。他知道这不容易，但明白自己具备达成使命的各种特质：强健的体魄、聪明的脑袋、对国际政局的深入了解（包括能源扮演的角色），还有绝不动摇的大胆愿景。

现在该妥善对付敌人，巩固权力。

于是他把目光移到下一个目标：寡头大亨。

# 第二章　寡头大亨

对于一个想巩固政权（尤其是想采取独裁统治）的国家领导人而言，发动战争是一种好方式。把大众的小孩变成士兵，派去对抗那些可恶的敌人，大众往往就会支持发起战争的领袖，至于开战的真正原因并不重要。

普京对车臣正是如此。虽然车臣并未真正独立，但多数俄罗斯民众却早已认为车臣形同独立，因此非常支持普京这位态度强悍的新总统以及他对车臣的政策。

普京善于准备好采取下一步的行动，完全势在必行。他知道战争能迅速赢得民心，也能瞬间失去民心，一旦战事拖得太久，人心就会厌战，倘若最终战败，民众会转而认为当初根本不该开战。换言之，如果领导者想从血淋淋的战事得利，必须迅速确实地取得胜利。

第一次车臣战争在俄罗斯民众心中留下难堪的印象。整场战争打了两年，结果装备精良的俄罗斯军队竟然打不过一群乌合之众，简直是阿富汗战争在自家后院重新上演。没人有心情再迎接一场这样的战争。

然而，民众却支持普京，因为他显然愿意不惜一切代价打赢这场仗。

不出所料，普京派出最强的军力猛攻车臣，己方伤亡则维持在最小。自此之后，俄罗斯民众不再把车臣当作心腹之患，战争迅速结束，而且是以战胜收场，这充分展现普京的实力。克里姆林宫不再由软弱无能的弱者把持，而是重回强者的手中。民众欢欣鼓舞。

解决车臣这个外敌是普京让俄罗斯重振雄风很重要的第一步，也让普京成为人民崇敬的领袖。然而，这一步算是比较容易的。

接下来，他必须对付政敌。有些政敌显而易见。叶利钦在位期间，政策摇摆不定，结果俄罗斯出现一小群诡计多端而且手段卑劣的亿万富翁，称为“寡头大亨”。

套用俄罗斯中央银行某位前任副总裁的话：“俄罗斯的每个寡头大亨都是一肚子坏水，聪明狡猾，势力庞大，作恶多端，而且贪得无厌，真是一群难以对付的客户。”

## 机遇之地

20 世纪 90 年代，俄罗斯吃力地转型为利伯维尔场经济。先前 70 年间，苏联采取强迫施行的集体主义，由中央计划主导，压抑个人自主。如今俄罗斯的市场经济之路走得并不顺利。

这条转型之路碰到许多阻碍：国内资金大量外移，外国投资者纷纷撤出，失业率飙涨，不少公司发不出薪水，卢布大幅下跌（在 1993 年年底贬值到史上新低）。在 20 世纪 90 年代初以前，俄罗斯甚至没有股票市场。

俄罗斯民众三个世代以来饱受苏联劳改营的威胁，凡事以莫斯科马首是瞻，再先前的三个半世纪则臣服于专制统治。一夕之间，俄罗斯民众面临前所未见的崭新局面，既无准备，亦无经验，无怪乎他们对新制度感到手足无措。

多数人茫然，少数聪明人却不然。当国家不再严加掌控企业，他们立刻发觉有机可乘，其中有些人原本就是富豪，有些人则把握机会赚得第一桶金。这些人的共同之处是懂得如何在近乎百废待兴的俄罗斯抓住生意机会。

最准确的说法是，这群寡头大亨懂得迅速顺应市场经济，在国家过渡到市场经济之际乘势而为，与绝大多数人截然不同。然而，俄罗斯国内弊端丛生，包括任用亲信、贪污行贿、敲诈勒索，以及杀手横行等，若要说这群新兴巨富各个清白，实在难以令人信服。他们实则一个比一个残酷无情，但他们很快会碰到一个更无情的对手：普京。

## 击垮能源寡头大亨霍多尔科夫斯基

普京很早就明白俄罗斯东山再起的关键在于善用丰富的自然资源，例如石油、天然气以及铀矿，这些都是他复兴大计的一部分。由于能源至关重要，他绝不允许能源公司落入外资之手，绝对不行，就连国内业者都必须听令于国家，更准确地说，是听令于普京。

普京很关切这群寡头大亨，不仅因为他们十分有钱，更因为他们主要在能源产业呼风唤雨。其中最有钱有势的当属霍多尔科夫斯基（Mikhail Khodorkovsky）。霍多尔科夫斯基的身家高达180亿美元，在普京对付寡头大亨的过程中，他与霍多尔科夫斯基之争是最关键的一役。

当整场大战结束，霍多尔科夫斯基与其他许多寡头大亨的财富充公，或锒铛入狱，或流亡海外，或命丧九泉。民众乐见普京对车臣开战，也乐见他拿寡头大亨开刀，毕竟大众既憎恨那些寡头大亨握有万贯财富，也憎恨那些财富取之不义。普京靠着力挫寡头大亨的锐气，声望再度得以高涨。

普京不只是对付霍多尔科夫斯基而已，但这一役最为轰动，也最能展现他的有力手腕。

霍多尔科夫斯基跟普京一样出身贫寒，怀抱雄心壮志。他先是在苏联共青团担任领导干部，然后成立青年科技创新研究中心，日后创办一家进出口贸易公司。

霍多尔科夫斯基原本信奉共产主义，后来转为拥抱资本主义，认为俄罗斯新经济应以高科技产业为重，而非仰赖自然资源。这与普京认为自然资源乃是俄罗斯经济成长绝佳动力的看法格格不入。

霍多尔科夫斯基变成利伯维尔场的一大拥护者。1993年，他公开发表一篇名为《有卢布者》（*The Man with the Rubble*）的资本主义宣言，写道：“该是时候挥别列宁了！我们的引路明灯是‘利润’，而且该取之有道，绝不违法。我们该以‘金钱’马首是瞻，唯有金钱能让人人富足安居。”

霍多尔科夫斯基自己绝对没有完全守法，但这在当时堪称常态。那些与他一起在早期致富发迹的同仁都涉及非法的事情，最后不得不逃亡国外，以求保全自己与家人的性命。街上遭到枪击时有所闻，掳人勒索层出不穷，这都是经商的代价。霍多尔科夫斯基的进出口贸易公司涉及非法的事情并不令人意外，跟许多商人相比，霍多尔科夫斯基有过之而无不及。

霍多尔科夫斯基是在踏足金融业后才开始成为亿万富豪的，更依赖创立梅纳特帕银行（Bank Menatep）成为俄罗斯新的首富。

## 优惠券

霍多尔科夫斯基在 1989 年创立梅纳特帕银行，赚取大笔财富，据说许多获利来自于挪用国家基金。梅纳特帕银行负责一项国有企业民营化的优惠券业务，到头来这只是另一种赚钱途径罢了。

虽然如今优惠券计划显得很蠢，但叶利钦当时却觉得一定行得通。叶利钦是在 1992 年推出该计划的，当天他大概是喝伏特加喝到酩酊大醉了吧？

根据叶利钦提出的计划，所有俄罗斯的男女老少会收到一张优惠券，用来换取任何国有企业民营化以后的股份。叶利钦认为每个公民都能因此从新兴的资本主义经济分到一杯羹。然而，在资本主义的原则下，每个人能自由买卖自己的优惠券。

叶利钦是咨询过美国的经济学家才计划引进优惠券的点子。这从书本上看似乎很有道理，可是如果拿到优惠券的民众不清楚其中的价值，优惠券也就失去了意义。超过 1.4 亿俄罗斯民众参与这项大型计划，但他们大多囊中羞涩，对资本市场一窍不通，几乎是刚拿到优惠券就会立刻出售，换取少量现金。

这正中那些稍有投资头脑者的下怀——尤其是寡头大亨。由于俄罗斯大众不懂得优惠券的价值，只知道能马上换成现金，结果寡头大亨花一点小钱就从千万名俄罗斯民众手中换得优惠券，进而掌控许多国有企业，庞大财富与权力也就集中于极少数人的手中。

霍多尔科夫斯基是其中得利最多的佼佼者，透过梅纳特帕银行和另外一间单独控股公司，他只花一点点小钱就掌控许多企业。这不算窃取，但却是利用无知民众的恶行。

1995 年，梅纳特帕集团把触角伸向尤科斯石油公司（Yukos）。尤科斯石油公司在 1993 年由俄罗斯政府设立，负责数十项国有产品的生产与分销，还拥有西伯利亚西部一处产量甚大的油田。正如许多俄罗斯企业难以适应市场经济一样，尤科斯石油公司也表现低迷，产油率下降，员工好几个月拿不到薪水，财务管理乱七八糟。

霍多尔科夫斯基决定出手收购尤科斯石油公司。他靠两个大胆的行动收购尤科斯石油公司，显而易见他是一个诡计多端的生意人，一个不可忽视的狠角色。当时普京仍在替圣彼得堡市市长工作，志在晋升高位，他注意到霍多尔科夫斯基的行动，由于普京也是一个为达目的不择手段的人，因此他可能还满欣赏霍多尔科夫斯基的做法。

霍多尔科夫斯基是这样做的：首先，梅纳特帕银行知道叶利钦政府很缺现金，因此参与命运多舛的“借贷股份”计划。在此计划下，叶利钦政府拿出许多俄罗斯最赚钱公司的股份，向寡头控制的银行抵押贷款，股份价值高于贷款金额数倍。如果政府还不出钱（鉴于当时的窘境，确实有可能发生），贷款银行应拍卖股份，但实际拍卖时有动手脚，一切经过精心策划，确保贷款银行不会碰到对手，只要出价就可夺标。

在政府可能违约的状况下，梅纳特帕银行借出 1. 59 亿美元给政府，政府则用尤科斯石油公司 45% 的股份做抵押，这笔股份总值 30 多亿美元，亦即比贷款金额高出 20 倍。接下来，当政府确实违约时，霍多尔科夫斯基立刻拿借据换得股份。

几天后，为了完全掌控尤科斯石油公司，梅纳特帕银行再从财务困窘的政府手中买得另外 33% 的股份，所花金额仅为 1. 5 亿美元，约为股份价值的 15% 。

接下来数年间，霍多尔科夫斯基让尤科斯石油公司起死回生。2002 年，尤科斯石油公司成为俄罗斯第一家能向股东发送股利的石油公司。

到2003年，尤科斯石油公司的石油产量在俄罗斯占20%，在全球占1%，纳税额跃居全国第二，替政府贡献4%的年度预算。

一家摇摇欲坠的公司能有这种成绩，确实是脱胎换骨。如果不是局势不同，普京还能否搞垮霍多尔科夫斯基？但他显然很懂得如何巧妙利用霍多尔科夫斯基的过去。

在经济改革后的20世纪90年代，所有俄罗斯大型企业都涉及非法的事情，梅纳特帕银行也不例外。在往民营化企业过渡之际，乱象随处可见，逃税、做账以及行贿成为必然，新冒起的寡头资本家可谓纷纷靠非法手段经营企业。

## 尤科斯石油公司

那时经济改革渐渐尘埃落定，资本主义架构开始成型，而尤科斯石油公司堪称公开透明的企业典范，至少超过当时的标准。尤科斯石油公司是俄罗斯第一家采取国际会计准则的大公司，也是俄罗斯第一家按照一般公认会计原则公开财务报表的石油公司，公司不仅聘请在西方受过训练的会计人员，并找正规的会计师事务所稽核年报。

梅纳特帕银行设立国际咨询委员会，以期与国际接轨，迅速脱离20世纪90年代的粗陋做法。梅纳特帕银行期盼外界认可其为一家国际企业。

霍多尔科夫斯基开始学习西方大企业家投入慈善事业，借助个人与尤科斯石油公司的名义捐出数亿美元。尤科斯石油公司提供大学奖学金给职员的优秀子女，也提供给有志投身石化产业的莘莘学子。霍多尔科夫斯基个人资助许多组织，例如大力支持小型企业发展的美国非营利组织“欧亚基金会”。

非营利组织在俄罗斯甚具政治影响力，而霍多尔科夫斯基与非营利组织的互动往来则是导致他垮台的一大主因。

尤科斯石油公司的教育计划反映霍多尔科夫斯基个人对俄罗斯所抱的愿景，而且想加以推广。其中一项称为“新文明计划”，参与计划的高中生必须设计出一个想象的国家，挑选政体与货币，并选出政府。霍多尔科夫斯基想借这个计划把民主与利伯维尔场原则灌输给俄罗斯年轻人。然而，这跟普京的想法格格不入：普京认为俄罗斯必须由强人带领，若有必要，甚至得由独裁者带领。

霍多尔科夫斯基不只资助不利于普京的组织，他个人更时常公开抨击普京，严斥普京政权侵害民权，指控政府官员贪污，批评政府借国家石油管道运输公司（Transneft）控制石油运输事业。

霍多尔科夫斯基公开批评俄罗斯政府采取“管理式民主”，军队与国安系统握有太多权力。2013 年，他在伦敦接受《时代杂志》访问时说：

> 最近的俄罗斯……简直是采取新加坡那一套模式。照理说媒体是自由的，实际上却会自我审查；照理说法院是独立的，实际上却会听从政府；照理说宪法赋予权利给人民，实际上有些权利却遭到剥夺。

他的观察也许是对的，却绝对会惹怒普京。也许他愚蠢地认为万贯家财足以保他平安。他也会资助政党。普京是统一俄罗斯党（United Russia）的党员，霍多尔科夫斯基会捐钱给该党的对手阵营。2003 年下议院选举前，霍多尔科夫斯基捐助更多的钱给右翼势力联盟（Union of Rightist Forces）、俄罗斯统一社会民主党（Russian United Democratic Party），甚至还有共产党。借以资助反对阵营，霍多尔科夫斯基期望削弱统一俄罗斯党与其他支持普京的势力，让他们加起来的席次不要超过 2/3。尽管统一俄罗斯党再三要求他捐款，但他断然拒绝。

## 普京开出的最佳条件

霍多尔科夫斯基刻意忽视普京先前与寡头大亨会面时提出的条件。当时普京为求双方能够相安无事，提出“共存共荣”的政策，愿意对寡头大亨的财富来源睁一只眼闭一只眼，也准许他们赚取更多的金钱，但普京明白不可以让这些人以金钱危及自己的势力，因此开出一个交换条件，那就是他们不得资助他的政敌。

这是普京的典型策略：一手拿甜棒，一手拿棍棒。配合者继续赚钱，至于违反者则……

为求扩大企业版图，霍多尔科夫斯基宣布尤科斯石油公司将并购西伯利亚石油公司，后者规模已超过普京所宠的俄罗斯石油公司。先前叶利钦政府推出“借贷股份”计划之际，寡头大亨阿布拉莫维奇（Roman Abramovich）与别列佐夫斯基（Boris Berezovsky）抢下西伯利亚石油公司，两人各花一亿美元取得一半的股份，之后迅速让股价暴涨，价值达到数十亿美元。后来阿布拉莫维奇开始向别列佐夫斯基购买股份，在霍多尔科夫斯基提出并购计划之际，阿布拉莫维奇已握有西伯利亚石油公司大部分的股份。

两家公司并购之后将称为尤科斯西伯利亚石油公司（Yukos Sibneft Oil Company），占俄罗斯石油总产量的30%，拥有全球民营石油公司排名第三的石油储藏量，仅次于艾克森美孚与皇家荷兰壳牌集团。霍多尔科夫斯基不只谈成并购案，还打算把这家新公司卖给艾克森美孚或雪佛龙，一度在两者之间来回穿梭旁敲侧击，期待这两家美国能源巨擘肯提出更高的价格。此外，他计划成为这两家巨擘之一的最大股东，拥有洛克菲勒般的财富与权势。

霍多尔科夫斯基知道普京不会支持他把公司卖给外国企业，但他自认为已经有足够的实力，而且他也很贪心，因此设法瞒过普京。如果东窗事发，普京会兴师问罪。况且这笔交易如果让外国企业握有俄罗斯的能源，这对普京来说更是不能接受的。

众所皆知，能源产业掌握在克里姆林宫手中，民营企业根本无权与外国企业私下洽谈这类协议，适当的做法应该是霍多尔科夫斯基先寻求普京的首肯，经过批准以后，再透过电视公布消息。

普京确实先发现了。艾克森美孚是由执行长雷蒙（Lee Raymond）前来洽谈，他察觉霍多尔科夫斯基的盘算不太对劲，致电普京询问此事是否已获批准，普京的答复是：当然没有。普京先前完全被蒙在鼓里。

雷蒙这样就明白了。他知道霍多尔科夫斯基的提案十分危险，手握令牌的普京绝对不会批准。艾克森美孚因此退出收购案。不久之后，霍多尔科夫斯基与雪佛龙的协商也以失败收场。

然而，这件事不会就此过去。霍多尔科夫斯基越线了，太不把普京放在眼里了。光是尤科斯石油公司并购西伯利亚石油公司这件事本身就大有问题，足以威胁普京给俄罗斯石油产业拟定的走向，但普京之所以把霍多尔科夫斯基视为心腹之患不仅是因为他在石油产业日渐呼风唤雨，而且还有其他原因：他资产雄厚，公然批评普京的政策，不把规定当一回事，而且明显轻视那些给普京带来现有权力的石油产业。

2003 年 2 月，双方的冲突加剧。有一天普京与多位寡头大亨在克里姆林宫会面，媒体也到场参加，结果霍多尔科夫斯基大胆与普京针锋相对，拿政府的过失质疑普京，影射政府官员把数百万美元的贿款放进口袋，甚至指控普京把国家的钱中饱私囊。

霍多尔科夫斯基如同朝普京的下颚猛挥出一记左勾拳，经由媒体呈现在全俄罗斯人民面前。普京没有争辩，这让外界普遍认为这代表霍多尔科夫斯基所言为真。然而，普京清楚知道闪躲这些质疑会有多严重的后果，因此迅速反击。他不仅质疑尤科斯石油公司如何取得大量油田，还举出尤科斯石油公司先前涉及逃税，后来靠行贿才摆平事件的例子。普京借此让有利的局面从霍多尔科夫斯基那边倒向自己这边。

这一记上勾拳挥得厉害。

无论媒体、政府、各寡头大亨，还是俄罗斯民众都明白这是普京的要挟：他比全国首富更有权力，任何违抗他的寡头大亨都会遭到举报，为这些大亨在 20 世纪 90 年代的非法行径付出代价。在这关键的一刻，所有俄罗斯富豪都明白自己必须听命于普京。

许多民众视普京为当前的救星。

霍多尔科夫斯基不然。他缺乏媒体的魅力，尖细嗓音说什么都大打折扣，不像普京那样说起话来铿锵有力。霍多尔科夫斯基与多数寡头大亨一样是犹太裔，许多俄罗斯人光凭这一点就会把国家当前的困境怪罪到他头上，也不把他当成自己人看待。相比较之下，普京像是史书里直接走出来的斯拉夫战士，虽然他身高不高，但两代以前的祖先几乎不为人知。

尽管霍多尔科夫斯基先声夺人，但这第一场媒体大战却是普京取得胜利。

后来普京私下跟英国石油公司前执行长布朗（John Browne）说："那家伙让我多吃了不必要的亏。"确实如此。没有人可以从这么多方面挑战普京的权威，而且是当着民众的面抨击普京，这让普京别无选择地出手除掉他。

## 大锤落下

当年俄国暴君看谁不顺眼，就会直接送他去西伯利亚受苦。现在可不比从前，普京打定主意要依照法律行事，在大众面前维护国家元首应有的形象。

普京静静等候时机。在那场媒体争执以后，并在霍多尔科夫斯基宣布尤科斯石油公司将并购西伯利亚石油公司的消息以后，普京默不作声，许多人因此认为普京已无法主宰局势。他之后甚至不再反对寡头大亨提出的民营油管兴建计划，许多评论更加认为他已向困境屈服，俄罗斯的石油产业会由寡头大亨掌控，尤其是受尤科斯石油公司主宰。

然而，普京远比外界想象中的更狡猾。他知道良机来了，只要一击就能除掉尤科斯石油公司这个威胁，让他自己掌控的俄罗斯石油公司更加壮大。必须扫除所有碍事的家伙，只是一切必须小心行事。

诚如先前所述，20 世纪 90 年代俄罗斯商界几乎所有人都干过非法勾当，你无须仔细研究就能看得清清楚楚。

普京的手下调查结束后，在 2003 年 7 月展开首次行动。雷伯德夫（Platon Lebedev）是梅纳特帕银行的行长和大股东，也是尤科斯石油公司的执行委员。有一天，莫斯科警方突然带着俄罗斯总检察院的拘留证进入医院，以侵占公款的罪名把雷伯德夫从病床上带走。其他罪名接连出现，包括逃税与滥用信托权等。

三个月后，联邦安全局的特务冲进霍多尔科夫斯基的私人飞机逮捕他，罪名包括逃税、侵占公款、诈欺以及伪造文书。

俄罗斯政府冻结两人的财产，包括尤科斯石油公司的大笔股份，因此无人能把尤科斯石油公司卖给雪佛龙或其他买主。少了两个最大的股东，又无人敢出面救助，尤科斯石油公司可谓岌岌可危。

讽刺的是，俄罗斯正缓缓朝着崇尚法治与公开透明的大方向迈进，普京却拿在这方面表现最佳的企业开刀。如果他只是想对逃税的奸商杀鸡儆猴，更适合的对象多不胜数。但他不是，普京的目标是阻止尤科斯石油公司并购西伯利亚石油公司，拿下霍多尔科夫斯基，并让石油产业仍由俄罗斯民营企业掌控，而且不必公然把其他企业重新收归国有。

尽管俄罗斯国税局在 2003 年 7 月查核过尤科斯石油公司，却在同年 12 月展开一连串稽核行动，也就是在霍多尔科夫斯基被捕的两个月后。俄罗斯国税局专门针对尤科斯石油公司采用全新的法律理论，不同于现有税法，把子公司先前的获利一并列入尤科斯石油公司的应缴税额。

最后尤科斯石油公司收到 2000 年到 2004 年的补税通知，金额高达 300 亿美元，而且必须在两日内缴清 2000 年的欠款，但由于公司资产遭受冻结，根本无力缴款。

尽管欠税应由卖出非基本资产支付，俄罗斯政府却出手直捣黄龙。尤甘斯克油气公司是尤科斯石油公司最大的子公司，负责 60% 的石油产品，俄罗斯政府在 2004 年 6 月出招，强制尤甘斯克油气公司在年底必须拍卖出售。原本尤甘斯克油气公司的估计价值为 150 亿美元至 220 亿美元，但在 12 月强制拍卖之前，俄罗斯法务部公告尤甘斯克油气公司仅值 104 亿美元。为求进一步压低价格，政府甚至提高欠税金额。

尤科斯石油公司试图寻求法律途径阻止强制拍卖，不仅向俄罗斯法院提起诉讼，还向欧洲人权法院求援，甚至向美国申请破产保护。尽管尤科斯石油公司无法阻止强制拍卖，俄罗斯法院仍发出临时限制令，禁止第三方（包括俄罗斯天然气工业公司与俄罗斯法院辖下银行）出价。

由于将俄罗斯天然气工业公司排除在外，所以只剩下贝加尔金融集团有办法出价。贝加尔金融集团以 93.5 亿美元的底价买下尤甘斯克油气公司，并向国家掌控（亦即普京掌控）的俄罗斯石油公司借款支付这笔金额。这真是小虾米吃掉大鲸鱼，毕竟贝加尔金融集团是一间净资本额仅 300 美元的小公司（你没看错，就是 300 美元）。三天后，俄罗斯石油公司吞并贝加尔金融集团。

俄罗斯石油公司的产能一夜之间从占俄罗斯的 5% 增加为 15%，石油储藏量几乎增长五倍，一举成为俄罗斯第三大的石油公司。

另外，尤科斯石油公司与西伯利亚石油公司的并购计划因霍多尔科夫斯基被捕而告终，西伯利亚石油公司恢复原样，尤科斯石油公司则前景堪忧。

俄罗斯石油公司在 2007 年收购尤科斯石油公司剩下的债务，俄罗斯政府间接成为尤科斯石油公司的债权人。在尤科斯石油公司的重整计划遭到拒绝以后，俄罗斯的一间法院宣布该公司无法偿还债务，随后举行破产拍卖，俄罗斯石油公司借机以约 1/3 的价格买下尤科斯石油公司所剩的大部分资产。

霍多尔科夫斯基与雷伯德夫面临形同作秀的审判。法院置审理程序于不顾，全盘采纳检方的指控，代表检方质疑证人，却不准两名被告提出对自己有利的证据，屡次回绝他们的要求，而且限制他们与律师联络。

审判在 2005 年 5 月结束，霍多尔科夫斯基与雷伯德夫都判服刑 9 年。经上诉莫斯科市法庭以后，刑期减为 8 年。然而 8 年过后，两人仍在狱中。

两人服满一半刑期以后，依法可申请假释，但普京不愿这么快放了两人，也不想霍多尔科夫斯基在政商界卷土重来，结果他们两人吃上新的罪名：盗用公款与洗钱。

2009 年，这两位政治犯再度送审并获判有罪，刑期延长到 2016 年。负责审理本案的法官有个助理名叫瓦希耶娃（Natalia Vasilyeva），她在事后指出审判结果是出自某位政府高层的指示，这位高层是谁不言自明。

霍多尔科夫斯基提前在 2013 年 12 月出狱，雷伯德夫接着在 2014 年 1 月出狱。

普京在霍多尔科夫斯基这件事上的手段非常厉害，单凭一次出手就击垮这个大肆批评他的麻烦人物，确保国家（亦即他自己）对各天然资源产业的掌控力度。

在普京看来，这样掌控有利于国家。然而，他或许能因此坐收横财，因为据称他持有不少相关公司的股票，而股价有赖于这次风波纷纷大幅上涨。他拥有多少财产是一个谜，毕竟就算他确实拥有股票（他本人否认），或许也不在他名下。根据未经证实的估计，他的财产高达 700 亿美元，堪称俄罗斯首富，但这也可能是太过夸大的数字。

普京高举法律的旗帜完成整个大计，而且没有背离民心，反而更得民心，毕竟大众认为寡头大亨都是死不足惜的盗匪窃贼。

普京争取得到国内民心不遗余力，对国外批评则不理不睬，把外国对霍多尔科夫斯基一案的批评当耳边风。尽管人权观察组织（Human Rights Watch）与国际特赦组织等非政府组织抨击整个审判有政治势力介入，国际特赦组织还称霍多尔科夫斯基与雷伯德夫为“良心犯”，但对普京而言始终不痛不痒。

欧洲理事会的法律暨人权委员会发现第一起审判充斥程序漏洞，欧洲人权法庭也在 2007 年指出雷伯德夫遭受非法拘禁，而且雷伯德夫或律师并未出席部分听证会。可是这些指控毫无作用。

## 一一赴死

普京最想除之而后快的也许是霍多尔科夫斯基，但还有不少其他眼中钉。亚列克萨尼扬（Vasily Aleksanyan）曾任尤科斯石油公司的法务长与执行副总裁，在 2006 年遭逮捕，罪名同样是逃税与洗钱。

在普京出手瓦解尤科斯石油公司之际，亚列克萨尼扬趁破产诉讼期间跳出来试图挽救公司剩下的资产。他多次遭受威胁与骚扰，最后被捕入狱。尽管狱方知道他是艾滋病患者，却不让他接受治疗。

或者应该说狱方拿治疗机会当作筹码，叫他做伪证诬陷霍多尔科夫斯基与雷伯德夫，但他回绝了。2009 年 1 月，他终于凭担保方式获释，但为时已晚，在 2011 年死于艾滋病引起的淋巴癌。

数学教授出身的别列佐夫斯基先前协助阿布拉莫维奇买下西伯利亚石油公司，后来他又有什么遭遇呢？没错，普京也把矛头指向他。别列佐夫斯基最初大力扶助普京，后来转为抨击普京，最终流亡海外。

别列佐夫斯基是媒体大亨，握有 ORT 电视台，还持有俄罗斯航空（俄罗斯最大航空公司）的股份。当年他是前总统叶利钦的亲信，获得普京提名参选下议院议员并且胜出，在叶利钦任命普京为总理以后，他凭旗下媒体帝国在短短数月让普京从不太知名变成家喻户晓。

然而，普京当选总统没多久，别列佐夫斯基转为用媒体批评普京。

不仅如此，身为下议院议员的别列佐夫斯基还抨击普京正在酝酿的修宪计划，声称普京准备对付下议院。这让他成为普京的心腹大患，也许因为他会阻挡普京替自己及俄国拟订的大计，所以普京决定除掉他。

别列佐夫斯基也是犹太人，这是一个可供普京利用的弱点，那就是他持有以色列护照，因为俄罗斯官员依法不能持有双重国籍。另一个攻击点是重新调查俄罗斯航空。当总检察院要求别列佐夫斯基应讯时，他明白大事不妙，他可不想从此遭殃。

幸好当时别列佐夫斯基正巧人在国外，干脆留在伦敦不回国。

俄罗斯政府没收了他的媒体，以不到案为由将他起诉，其他罪名包括侵占公款与欺诈。普京要求英国将别列佐夫斯基引渡回俄罗斯，但英国法庭予以拒绝，并为他提供永久政治庇护。

虽然别列佐夫斯基侥幸逃过像霍多尔科夫斯基那样的牢狱之灾，但最后仍下场凄凉。2013 年 3 月，他被发现陈尸在英国伯克郡的住宅，脖子套着绳索。虽然看似是自杀，警方也没发现挣扎迹象，但有关他死于暗杀的阴谋论不绝于耳。

## 敢言的下场

别列佐夫斯基会送命并不令人意外，毕竟与普京为敌的下场往往是入狱、流亡，或者死于非命。

以记者为例。自从普京当上总统以后，大概有20名记者死于非命。最有名的三个遇害记者为彼得罗维奇（Yuri Shchekochikhin）、克列布尼科夫（Paul Klebnikov）与波利特科夫斯卡娅（Anna Politkovskaya）。

彼得罗维奇在2003年7月死于不明疾病，时间就在他预计前往美国跟联邦调查局探员碰面的几天之前。俄罗斯当局把他的病例列为“机密档案”，但他的症状吻合联邦安全局及其前身国安会惯用于暗杀的放射性毒素。

2004年4月，《福布斯》杂志的美籍俄裔主编克列布尼科夫在莫斯科遭枪杀身亡，检察官指控一位车臣人是凶手。你大概也注意到检察官指控的是“车臣人”，车臣人在俄罗斯广受憎恶，很容易沦为背黑锅的好选择，就像普京的宿敌也常成为政府指责的代罪羔羊：这起事件另一个常遭指控的幕后人正是别列佐夫斯基。我们永远不会知道真相，这位车臣裔犯罪嫌疑人后来接受不对大众与媒体公开的审判并无罪释放，随后飞离俄罗斯。

最后是俄罗斯自由派报纸《新报》的记者波利特科夫斯卡娅。2006年10月，她在俄罗斯市中心自家公寓大楼的电梯里遭枪手杀害。她素来以反对普京著称，尤其极力反对普京向车臣开战，成名的原因是曾深入车臣进行报道，质疑那数起引发1999年出兵车臣的爆炸案的真凶到底是谁。

波利特科夫斯卡娅在2004年遭人毒害但逃过一劫。在她丧命前不久，如今为流亡人士的前联邦安全局官员利特维年科（Alexander Litvinenko）警告说她处境很危险，应尽快离开俄罗斯。这位官员表示这起枪击案是由普京亲自下令的，普京说如果她继续报道当年的爆炸案，他就要她的命，而且“这不是打比方，是真的要她死”。

杀手的身份始终不明。幕后真凶不仅限于普京及其心腹。波利特科夫斯卡娅不只惹火普京，也在车臣树敌，因为她怀疑车臣总统卡德罗夫的下属涉及绑架与谋杀案件，积极搜集相关证据。联邦安全局也可能是幕后凶手。此外，没错，别列佐夫斯基的名字再度出现。2009 年，三名犯罪嫌疑人获判无罪释放。

2014 年 6 月，俄罗斯法庭以暗杀罪名起诉两名车臣职业杀手及三名共犯，举报者的身份始终不明。

至于对波利特科夫斯卡娅提出警告的利特维年科呢？就在波利特科夫斯卡娅遇害三周以后，他在伦敦一间旅馆与两个俄罗斯人会面，喝下混有钋的茶饮。钋是一种无色无味的放射性物质，凭一般辐射检测仪器无法发现，在人体内极难检测到，医护人员在三周后才检测出来，就在他死亡的数小时前，医生表示利特维年科平时热衷健身，身体状况绝佳，否则无法撑那么久，而如果他死亡，真正致死原因就无从查明。

普京的其他敌人也面临类似命运。

媒体大亨古辛斯基（Vladimir Gusinsky）对车臣爆炸案持怀疑态度。在 1999 年下议院选举期间，他借旗下的独立电视台支持普京所属的统一俄罗斯党的竞选对手，还在 2000 年总统大选前夕开设节目严词抨击普京。后来他遭到逮捕，检方威胁以诈欺罪名起诉他，他趁保释时潜逃至西班牙。

寡头大亨帕塔尔卡齐什维利（Arkady Patarkatsishvili）是别列佐夫斯基的生意伙伴，原本支持普京，后来改弦易辙。2007 年 12 月，他告诉《周日泰晤士报》（*Sunday Times*）说他是俄罗斯政府的暗杀目标。一个月后，他死在英国萨里郡的住宅里，据称死因为“心肌梗死”。

最后则轮到富商佩雷皮里切尼（Alexander Perepilichnyy）。先前他提出证据指控俄罗斯政府与黑帮勾结，随后逃亡英国。然而，在他从巴黎旅游返英不久，某日离开韦布里奇镇的住宅外出慢跑，却突然倒地身亡。鉴定人员替 44 岁的他做毒物检测，结果一无所获，但外界仍认为他死于毒杀。

# 幸存并致富

然而，事情还有另外一面。想了解普京，这一面不应漏掉。虽然许多在20世纪90年代崛起的俄罗斯寡头大亨下场凄惨，不过也有些不仅在新时代存活下来，而且还活得很好。

尤斯马诺夫（Alisher Usmanov）就是普京接受的类型：靠自然资源致富，再利用财富协助俄罗斯走向现代化之路。虽然尤斯马诺夫不是土生土长的俄罗斯人（他是乌兹别克斯坦人），而且是穆斯林，在乌兹别克斯坦坐过牢（后来宣告无罪），但他终究成为俄罗斯首富，身价超过180亿美元。他靠矿业致富，现在也涉足通信与媒体业，入主英格兰足球超级联赛的兵工厂队，曾砸下1亿美元购买苹果公司的股票后获益颇丰。

弗里德曼（Mikhail Friedman）是另一个普京能接受的寡头大亨，弗里德曼是犹太人，活跃在俄罗斯与欧洲的犹太组织里。

对普京而言，重点不是弗里德曼的血统，而是他乐于加入俄罗斯的许多公共组织，例如担任俄罗斯企业家协会与企业管理国家委员会的董事，协助推动全国性文学奖“大图书奖”，还担任本土文学支持中心的委员，协助该中心推广文艺活动、人文主义理想与俄罗斯文化价值，并支持俄罗斯的写作者。

寡头大亨阿布拉莫维奇当年跟别列佐夫斯基联手吃下西伯利亚石油公司，他是另一个在俄罗斯成功的范例。如今他是身价数十亿美元的富豪，但与普京关系良好，原因大概是他不像别列佐夫斯基那样喜欢对政局开炮，反而资助普京所属的统一俄罗斯党，投资国内重大的基础建设兴建计划。司法档案指出，他花数亿美元贿赂官员，在石油产业与铝业大肆扩张地盘时交出巨额保护费，但这些似乎都不成问题。

美国媒体通常一面倒地把普京塑造为恶魔。没错，他在必要时的确残酷无情，但不像斯大林那样把任何人都当成仇敌，反而十分务实，懂得与能人合作来实现愿景，只要你能助他一臂之力，照他订的规矩走，就不会在乎你的身份背景。没有证据指出他厌恶女性、同性恋或闪族人，但他懂得适时利用俄罗斯民众的恐慌情绪达成个人目的，种种做法可以用一句话形容：“顺我者昌，逆我者亡。”

普京理想中的俄罗斯只有一个模样，也只有一个领导人：普京他自己。为了可以牢牢掌握大权，许多寡头大亨必须走人，唱反调的记者与政敌当然也是。不过寡头大亨还好解决，他们广受民众仇视，虽然大多逐渐依法经商，但多数财富仍是靠非法手段赚得，一般民众大多认为这些寡头大亨是罪有应得。

尽管剩下的寡头大亨或许也会采用非法手段，但普京无意把他们绳之以法，毕竟伸张正义不是他的目的。从霍多尔科夫斯基等寡头大亨落难的故事来看，俄罗斯并不尊重财产权，当权人物得以呼风唤雨，但这正是普京想要的。

寡头大亨渴望握有巨富，普京跟他们唯一的分别在于他对俄罗斯有一个远大愿景，但从其他角度来看，他与他们并无二致，大可相安无事，只要他们知道谁才是老大即可。

## 普京对俄罗斯的愿景与守则

普京基于对俄罗斯的远大愿景而出手击垮寡头大亨。在接下来几章中，我们会看到他如何依据愿景采取各种行动。

至于他的十大守则如下：

（1）俄罗斯必须免受任何国家的攻击与威胁。

（2）最有可能威胁或攻击俄罗斯的国家是美国。

（3）为确保国家安全，俄罗斯各个邻国必须形成对抗西方的缓冲区域，亦即不得与美国结盟合作。

（4）俄罗斯必须繁荣强盛。繁荣既是确保国家安全的要件，也是普京维系政权的靠山。

（5）俄罗斯迈向繁荣的最明确方式是善用自然资源，尤其是能源。

（6）能源出口不仅能换来维系国家安全的资金（主要是国防经

费），也让能源进口国对俄罗斯产生依赖，在国际事务方面听命于俄罗斯，进而促进俄罗斯的国家安全，尤其重要的是，让俄罗斯邻近国家陷入这种能源依赖局面。

（7）俄罗斯必须主宰能源相关产业（包括提炼、加工与运输），借此强化他国对俄的依赖程度，至少掌握住数个国家。这样一来，俄罗斯可以拒绝提供石油、天然气或铀等必要资源给目标国家，甚至抵制该国的其他能源供应者。

（8）迅速发展能源产业有赖于境外资本与技术，所以俄罗斯欢迎外国投资，但能源产品是国家安全策略的一环，能源产业必须由俄罗斯政府掌控。

（9）由于俄罗斯是能源出口国，外国能源产业若遭打击会对俄罗斯有利，中东的动乱尤其有利，或者至少能引导到有利的方向。

（10）美国是最有可能威胁或攻击俄罗斯的国家，任何削弱美国力量的方法都会让俄罗斯更加安全。根据这个守则，俄罗斯应打击美元作为全球储备货币的地位，亦即推翻现有的石油美元体系。

这个大计已见成效。普京绝顶聪明，既有决心毅力，又够冷酷无情。不过，在许多俄罗斯民众眼中，冷酷无情不是缺点，而是长处。西方的媒体把普京塑造为冷血的独裁者，而俄罗斯民众却认为他是男人中的男人。在俄罗斯经过一段难以启齿的屈辱时期以后，他替俄罗斯赢回骄傲、繁荣与地位，也践踏了少数几个人的权益，或者拿寡头大亨开刀。

我们继续来看上述守则造成哪些结果。

# 第三章　大博弈与冷战的终结

1901 年，吉卜林在小说《小吉姆的追寻》率先使用“大博弈”（The Great Game）一词。

有些人认为“大博弈”只是指英国与俄罗斯帝国将近一个世纪在中亚的龙争虎斗，双方都认为中亚地区对他们在别处的目标大有影响。有些人（包括我在内）则认为中亚的大博弈从未结束。苏联掀起新一轮竞逐，持续至冷战时期。如今更冷的冷战也以中亚为主战场，而且战局才刚浮出水面。

不过，这当中的一个角色换了：如今美国取代当年英国的角色。然而，两世纪以来始终未变的是俄罗斯仍在地缘政治上扮演关键角色，影响范围从欧洲、中东一路延伸至中亚。

先前，正当美国忙于在各大洋间扩展势力之际，英国则奋力保持全球霸主的地位——而更重要的是，英镑仍是全球储备货币。掌控全球贸易是一项非凡的事情，掌控全球储备货币亦然，因为可以主宰贸易条件，影响遥远市场的原料价格，并在金钱流动时收取手续费。长久以来，享有这般主宰力的是英国，举国繁荣昌盛。后来，在第二次世界大战战火蹂躏以后，英国交棒给美国，从此由美国主宰至今。

大英帝国的霸权向来不甚稳固，每多取得一次胜利，就多一些令人难以置信。如今看来，一座小岛当年竟然能支配全球大片江山实在不可思议。当然，英国确实建立了一座庞然帝国，但称霸是一回事，维持霸权则是另一回事，既要处理人民的不满，也要接受别国的挑战。

印度有“大英帝国皇冠上的珠宝”之称，19 世纪英国的亚洲政策主要围绕在扩张并加强对印度次大陆的掌控，而这个目标最大的威胁就是俄罗斯。

俄罗斯数世纪以来持续扩张领土，甚至在 1721 年彼得大帝（普京最推崇的历史人物）建立俄罗斯帝国前即是如此。俄罗斯在 17 世纪与 18 世纪往南与往东扩大领土，至 19 世纪领土已包括今日的哈萨克斯坦、吉尔吉斯斯坦、塔吉克斯坦、土库曼斯坦，以及乌兹别克斯坦。英国担心俄罗斯打印度的主意，争夺领土与财产，因此英国先下手为强，既入侵西藏，也攻打阿富汗的两个部落，只求建立缓冲区，抗衡步步进逼的俄罗斯北极熊。

大博弈逐渐展开。虽然一般是从领土争夺切入，但大博弈也涉及金钱及相关操作。20 世纪则出现目前最重要的冲突角力场：设法掌控现在全球依赖甚深的能源资源。这类资源包括天然气与铀矿，但最重要的是石油。石油在全球是财富的主要表现形式，是经济体与政权的重要支柱，有石油的地方其生活水平往往得以提升。

石油最初是取代价格较高的鲸鱼油，当作路灯的燃料，如今则成为多数交通工具与发电设备的燃料，还是塑料与大多数有机化学品的原料。现代生活几乎脱离不了石油，多数东西要不就是靠石油制造，要不就是靠石油运送，举凡蜡笔、人工瓣膜、心脏科药物、杀虫剂、玩具飞机与真实飞机都跟石油脱离不了关系。

而且石油不只关乎实际商品，也是全球金融体系的根本，分隔富人与贫民，这正是石油成为全球最抢手的原料的原因，而不只是汽车与飞机的燃料那么简单。

掌控石油，也就掌控财富。这是在新一代大博弈中成为主角的方式——普京正是如此重燃大博弈的战火，逐步巧妙瓦解美元的地位。

## 话说从头

我们从头讲起吧。

石油并非近代的新发现。古代人会搜集地表自然渗出的石油。古希腊历史学家希罗多德指出，早在 4000 多年前巴比伦人就懂得用沥青建造城墙与塔楼。有些学者研究古波斯时代泥板上的图案文字，发现上层阶级以石油作为药物与照明。

中国古代百姓原本想挖掘盐矿，却意外找到石油与天然气。目前学界并不知道他们最早从何时开始用石油，但早在公元前 4 世纪四川一带即会开采石油。等到公元前 1 世纪，他们开挖的深度已超过 200 多米。

16 世纪末在巴库一带，人力开凿的油井深度超过地下 30 米。

巴库位于今日的阿塞拜疆境内。现今的石油时代是 1846 年从巴库开始，当年巴库只是俄罗斯帝国境内一处没有人烟的荒凉地方，位于阿普歇伦半岛，邻近高加索山脉，东临里海。第一座现代油井出现于巴库，至于“现代”二字是指摒弃铲子和徒手挖掘，改用机械化的挖掘方式。

13 年后，现代开挖方式从俄罗斯漂洋过海传到美国，德雷克（Edwin Drake）在宾州的泰特斯维尔打出全美第一座成功的商业纯油井，开挖至地下 20 米深，日产量达 25 桶。德雷克的这座油井在两年后枯竭，却开启了石油勘探的热潮，从宾州扩展到世界各地。当时石油只用作润滑油，也能分馏出安全性较高的煤油，用来取暖与照明。煤油分馏出来的主要副产品是汽油，挥发性较高，安全性较低，只有乐于承担爆炸风险的人敢于一试，用作灯油时往往酿成火灾。

1876 年，四行程引擎问世，从此改变汽油的用途，也就改变石油的角色。汽油从不受关爱，变成人见人爱，跃居为最有利可图的主要石油产品。不久后，汽油成为军队里的必需品，哪支部队用光汽油就胜算全无。

俄罗斯比大多数国家更早发现石油的重要性。19 世纪下半叶，巴库是全球石油产量最高的地区。人力开采盛行数百以至数千年以后，机械化开采从 1875 年到 1895 年带来 200 倍的产量。当时的俄罗斯欢迎外资投入，巴库的人口增长速度超越伦敦与巴黎，甚至超过纽约。从 1872 年起，俄罗斯开始以拍卖方式把一块块油田卖给投资人，其中多数来自欧洲。巴库产油盛名远扬。到 20 世纪初期，巴库几乎独占全球产油量的一半，在此致富的包括罗斯柴尔德家族（Rothschild family）、路德维格·诺贝尔（Ludvig Nobel）与罗伯特·诺贝尔（Robert Nobel），他们两人是由发明炸药的诺贝尔的弟弟（Alfred Nobel）提供资金援助。

同时，油田在俄罗斯遍地开花，从里海、契拉肯半岛（如今位于土库曼斯坦境内）、黑海西北边、北极圈到远东地区的库页岛。虽然美国的石油产量在20世纪初期超越俄罗斯，但巴库地区的产油量仍十分可观，在第一次世界大战结束时石油生产量占全球的15%。20年后，希特勒仍认为巴库地区具有派兵攻占的价值，只要德军打下苏联“高加索山地与乌克兰”两大油田区，纳粹帝国就能自给自足与所向披靡，于是他决心放手一搏。

## 油业先锋

1859年德雷克在泰特斯维尔成功开挖油井时确实成为新闻，但往后几年只有少数人明白这将掀起何种变革，其中一位是洛克菲勒（John D. Rockefeller），1863年他与人合伙在克里夫兰兴建了一座炼油厂。

7年后，31岁的洛克菲勒创立俄亥俄标准石油公司，逐步打造出一家结合产油、运油、炼油与卖油的大企业，依靠并购与收购日渐壮大，开始主宰石油产品市场，整合物流，压低成本，打击对手，成为最早一批大型跨国企业，在最鼎盛时期垄断全美90%的石油市场。

1911年，美国最高法院判定标准石油公司非法垄断市场，必须拆分为33家独立企业。这时洛克菲勒已是全球首富，而且至今仍是富豪之一，总财产折合后高达3400亿美元（马里帝国国王穆萨一世可能比洛克菲勒更富有，在1312年到1337年的在位期间掌握全球一半的黄金与盐产量，总账产折合后高达4000亿美元，但由于年代久远之故，财富估计不甚准确，通货膨胀也会导致误差。另外，成吉思汗也许比他们更富有，但并无相关估计数字）。

## 油业壮大

从1863年洛克菲勒建立第一间炼油厂起的20多年间，石油产业的规模日渐扩大，但仍不足以形成世界的巨型产业，至少在每座油井的日产量仅 50 桶油时不行。

接下来，一切都变了。

19 世纪 90 年代初，一群商人与业余地质学家相信德州博蒙特镇南方一座盐丘底下蕴藏大量石油，于是投入开挖工作，但到 1899 年为止仍一无所获，因此他们把斯宾德尔托普丘一带租给矿业工程师卢卡斯（Andy Lucas）。卢卡斯是一位移民，来自克罗地亚的达尔马提亚海岸，背后金主为梅隆兄弟（Andrew and Richard Mellon），兄弟俩的父亲先前在匹兹堡创立全美数一数二的大型银行。

卢卡斯具备惊人的毅力，再加上时机与好运。他不断往下开挖，最终在 1901 年 1 月钻破岩层，底下一整片加压原油有了出口，一道原油喷向天空，第一座喷油井出现。

当时场面想必十分壮观。卢卡斯在一年后写道：

> 经历重重困难以后，终于钻到一片混着海贝的岩层，深度为地下 348 米……这时油井里有一条 180 米的四英寸油管，至少重达 6 吨……当岩层钻破的时候，油井出现“井喷”，把整条油管猛往上推挤……油喷上天空……油管上部连同沉重的器材断了开来，喷射到油井架上方近 100 米的高度……以更快速度接着飞射而出，冲过油井架顶端。在同一时间，油井里的水（用来排出钻井伴随的岩屑以维持油管内部干净）也喷得很高，油气、岩屑与石油接着喷出，起初喷出速度约为每小时 250 桶，接着迅速增加为 500 桶、1000 桶……直到第三天（这时岩屑不再喷出而油气也大量减少）标准石油公司人员前来评估，这得请最有经验的专家仔细估算，最后认为每小时的喷出量至少为 3000 桶（每桶等于 42 加仑），或者每 24 小时的喷出量约为 7.5 万桶。

在这之后，盖住油井成为刻不容缓的第一要务。没人碰过这种怪物，大家必须临时想办法，最后总共花 9 天才把问题控制住。斯宾德尔托普丘照亮德州以至美国的巨大石油产业。博蒙特镇依靠“黑金”繁荣兴盛，在3个月内人口暴增3倍，到处是采油工、投资人、生意人，以及骗子。短短一年内，斯宾德尔托普丘挖出285座油井，出现约500家石油公司，包括艾克森、德克士，以及美孚等石油巨擘。

石油产业变得规模巨大，逐渐由几家大型公司主宰，最后出现“石油七姐妹”（the Seven Sisters）的昵称，这七大公司主宰石油与天然气相关业务，一手包揽勘探、开发、开采、炼油，以及销售。“石油七姐妹”的其中三家是由洛克菲勒的标准石油公司拆分而来，这并不令人意外：

- 加州标准石油公司（今日的雪佛龙）
- 新泽西标准石油公司（埃索石油公司的前身）
- 纽约标准石油公司（美孚石油公司的前身，后来美孚与埃索合并为艾克森美孚）

另外四家为：

- 英国波斯石油公司（英国石油公司的前身，后来与阿莫科石油公司合并）
- 海湾石油公司（日后并入雪佛龙）
- 皇家荷兰壳牌集团（完整延续至今）
- 德克士石油公司（后来与雪佛龙合并）

“石油七姐妹”与后继者都是民营公司，一度完全独占全球石油产业，但在第二次世界大战以后，有些政府不愿把本国资源交到外国人手中，开始把石油产业国有化。如今有不少石油公司由国家掌握，有些是国营，有些是半国营，其中几家规模最大的如下：

- 沙特阿拉伯国家石油公司（世界上原油产量与探明储量最大的石油公司）
- 伊拉克国家石油公司
- 伊朗国家石油公司
- 中国石油集团
- 委内瑞拉石油公司

- 巴西石油公司
- 俄罗斯石油公司（最大的半国营石油公司）

跨国民营石油公司虽然实力雄厚，但跟这些新崛起的巨型国营石油公司相比简直是小巫见大巫。如今前六大民营石油巨擘仅占全球石油产量的 13%，石油与天然气储量更仅占 3%，至于那七家国营石油公司则占全球石油产量的 30% 及储量的 44%。

随着国营石油公司增加，美国在石油产业的主宰力下降，变得较难影响石油价格。

## 石油、战争以及和平

如今想不靠石油赢得战争简直是天方夜谭。第二次世界大战胜负的结果很大程度上取决于谁能取得油源。美国本土油源充足，足以供应战机、战舰，以及战车的用油，因此能够制胜。

德国与日本产油不多，出兵的一大目的是抢夺外国资源。希特勒进攻俄罗斯的一个重要原因是需要俄罗斯的石油，不得不为此孤注一掷。日本轰炸珍珠港的目的不是占领夏威夷的所有冲浪胜地，而是想威胁美国不要出兵干涉，放任日本取得荷属东印度群岛的石油资源。

第二次世界大战结束之际，美国可谓得天独厚，石油多得不得了，基础设施也完好无损。相形之下，欧洲与亚洲的工业中心则满目疮痍。此外，数百万美军返乡后投入职场，美国经济更是得以迅速发展。

事实上，虽然美国经济发展迅速，但本土石油产量根本跟不上。1949 年，美国从石油净出口国变成石油净进口国，此后进口量一路攀升，美国必须依赖不稳定与不友善国家的油源。到 1972 年，美国消耗的石油半数来自进口。

接下来，1973 年 10 月，赎罪日战争大幅冲击石油政治。

赎罪日战争是以色列与埃及、叙利亚盟军之间的冲突，本身只打了 3 周。埃及与叙利亚都是阿拉伯国家，两国组成盟军，突袭以色列之前所占领的地区，随后美国大力支持以色列，苏联则支持埃及与叙利亚阵营。

埃及与叙利亚在一开始取得胜利，但以色列着手反击，把阿拉伯盟军赶回叙利亚，夺回西奈半岛。双方在 10 月 25 日达成停火协议，以色列从而占据这两个阿拉伯国家的大片土地。

这场战争影响深远。阿拉伯世界再度吃下一次难堪的败仗。至于以色列虽然后来在战场上势如破竹，却也死伤惨重，甚至开始怀疑自己无法一直保持对阿拉伯国家的军事优势。双方展开协商，最后在 1978 年签订《戴维营协议》，以色列把西奈半岛归还埃及，双方勉强相安无事。

这场战争另一个直接影响是阿拉伯石油输出国组织（简称 OAPEC）对以色列展开报复。阿拉伯石油输出国组织的成员包括石油输出国组织（简称 OPEC）里的阿拉伯国家，再加上埃及、叙利亚等国。由于不满西方支持以色列，阿拉伯石油输出国组织不再输出石油给加拿大、日本、荷兰、英国，以及美国，时间是从 1973 年 10 月到 1974 年 3 月，结果对这些国家造成巨大冲击，民众面临石油短缺，加油站外面大排长龙。

禁售制裁导致油价迅速攀高。禁售之前的 25 年，油价以美元计算每年涨幅不到 2%。1973 年 10 月 16 日，石油输出国组织把公告油价调高 70%，每桶达到 5.11 美元。与此同时，阿拉伯石油输出国家组织的几位石油部长同意减产 5%，日后将持续减产，直到经济与政治目的达到为止（见图 3.1）。

就石油这类大宗物资而言，消费者对减产的适应速度较慢，所以即使只是少量减产也会造成价格大幅上扬。当阿拉伯石油输出国家组织宣布减产，石油价格从每桶 3 美元增加为 12 美元，美国进入经济衰退与严重通货膨胀，直到 20 世纪 80 年代初才摆脱阴霾。

同一时间，苏联自己陷入泥潭，逐渐在冷战中败下阵来。

有些人说美国里根总统以某种方法弄垮苏联，这说法听起来似乎有趣但不正确。苏联这个美国的死敌会栽跟头是因为——没错，就是因为石油，而更准确地说，苏联是败在严重误用自身的石油资源。

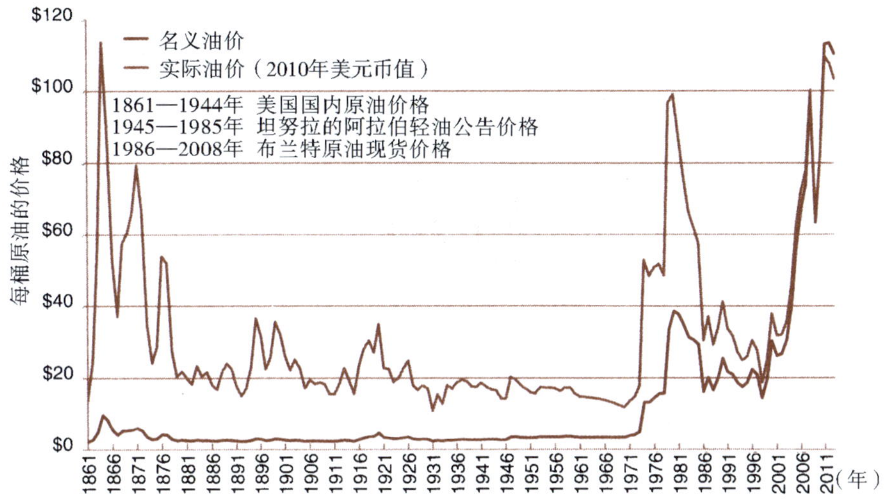


**图 3.1　名义油价与实际油价走势图**

苏联依靠盛产石油与天然气获取不少金钱。由于苏联的计划经济表现惨淡，石油产业形同苏联的生命线，但他们过于轻视，没有把足够的卖油获利重新投入到石油产业以增加或至少维持产量，反而拿这笔钱补贴社会底层。采油有赖持续投入资本，否则产量会受影响。由于太少资金投入到石油产业，无论开采新油井、维护现有油井与借助创新生产方法活化旧油井都很困难，苏联的石油产业面临萎缩。价格上扬当然可以弥补产量减少，但前提是价格必须持续上扬。

在阿拉伯石油输出国家组织结束禁售制裁以后，全球油价直落，而苏联的石油产量也在下滑，结果苏联既无力对民众补贴基本生活物资，又无法维持现有油井的产能，形同恶性循环，石油产量继续一再下跌。这个问题纠缠苏联政府达 20 年，石油产量减少 55%。苏联长年以来是主要产油国，现在却连自身需求都无法满足，也没有资金像西方国家那样发展，更没有可以推动经济的新科技。

苏联既依赖石油产业，又无法维护采油设施，结果就是陷入泥潭，油价在禁售制裁解除以后大幅滑落，这如同敲下最后一记丧钟。这是苏联输掉冷战的真正原因，跟里根出招无关。1991 年，苏联轰然解体，冷战就此结束。在这之后，美国受惠于低油价以及对石油产业的掌控，加上有新科技，从而成为全球唯一的超级霸权国家。

## 货币的起源

第二次世界大战刚结束之际，美国在当时无任何对手，获得史上难得的良机，得以影响国际秩序，而第一步是让美元成为全球通用货币。

为了弄懂美国是如何做到这一点的，美元又是如何最终与油价挂钩的，有必要先了解货币本身是怎么一回事。

当初货币几乎在三个不同地方同时出现，那就是中国、印度与地中海东部，金币、银币、铜币与青铜币从公元前500年至公元前700年开始在市面流通。金属既耐用又有价值，因此铸成钱币以象征价值，加上钱币有容易携带与辨识的优点，很快成为交易媒介。具有保值功能又是交易媒介，这就是货币。

钱币是对社会影响深远的重大发明。用钱买卖东西远比以物易物有效率。然而，钱币也有缺点，包括其体积与重量。此外，钱币可以互相交换，在谁手中就是谁的，这既是优点也是缺点，例如一旦遗失就难以找回，因此欧洲人想到用金库保管钱币、金条与银条。

金匠会替人保管金条银条，物主可凭收据领回。这种做法后来演变为银行：出借金条并收取利息，发行可转让的存放凭证（早期的纸币），后来则发行虚拟金条的存放凭证（部分准备金银行制度的开端）。

纸币最早在6世纪前后的中国出现，马可波罗在游记中提到纸币大为赞叹，但西方要等到1661年荷兰商人帕姆斯丘奇（Johan Palmstruch）成立斯德哥尔摩银行以后，才首次使用纸币，随后纸币概念迅速风行。最初任何银行都能自行发行纸币，价值由银行本身的信誉而定，美国一度有数千种纸币同时流通，有些通行全国，有些仅适用于某个地区。

纵观纸币的历史，多数时候就像早期金匠的收据，背后有贵重金属支持，发行单位允许民众按照面额兑换等值的金条或银条，当然实际能否立刻兑换是另一回事。

根据部分准备金原则，银行能发行超过金条储备量的纸币，要是民众突然上门挤兑，所兑换金条超过储备量，银行马上会破产。这类事件并不罕见，如果激起连锁效应，后果往往一发不可收拾。没过多久，政府发现由国家或单一代理机构统一发行纸币大有好处。英格兰银行是最早的一批，在1694年成为英格兰唯一的发钞机构。相比之下，美联储迟至1913年才成立。

在政府成为发钞机构以后，纸币仍能兑换黄金，但开始受限。1933年，小罗斯福总统禁止美国民众私自持有黄金。美元仍能兑换黄金，但兑换后不得由美国人持有。美元逐渐转为“法定货币”（亦即货币背后无任何实物支持），既然美国走上这一条路，最后全球各国亦然（可兑换白银的白银券到20世纪60年代才废除，但地位早已岌岌可危）。

## 人人的美元

第二次世界大战步入尾声之际，有两件事变得显而易见：第一，同盟国会赢；第二，美国在战后会是经济巨人，有满手好牌可打。

1944年7月，离欧战结束还有9个月的时间，44个同盟国成员国派出730位政府代表，花整整3周齐聚美国新罕布什尔州布列敦森林的华盛顿山庄旅馆，召开现在简称为“布列敦森林会议”的联合国货币金融会议，共商战后全球金融体系，最后签署的协议包含两大货币条款。

为了促进国际贸易与战后重建，各成员国同意让本国货币与美元保持固定汇率（从而跟其他所有货币保持固定汇率）。为符合这一条件，各国承诺适时采取买卖美元使其货币与固定汇率之间的误差保持在1%以内。

至于美国必须保持本架构的稳定，方法是确保任何外国人能以35美元兑换一盎司黄金（后来修改为只有各国央行才能兑换）。先前美国在大萧条时期面临通货紧缩，战时又碰到贸易阻碍与资金出逃，因此当时美国国库储有大量黄金，要开出这个承诺只是小事一桩。

《布列敦森林协议》让美国成为国际金融体系的中心。美国的盟友也许并不乐见这个新体系，但他们要是想重建国家，也别无选择只好接受。《布列敦森林协议》签订以后，美元迎来黄金盛世，成为国际储备货币。

黄金兑换承诺维持了 27 年，最后美国面临贸易赤字与通货膨胀，各界对美国政府能否兑现承诺的疑虑升高，最终导致该体系瓦解。为了阻止一盎司金价高于 35 美元，美国及其伙伴组建的黄金总库必须大量卖出黄金，但实在难以为继。1967 年，法国最先要求退出，甚至把储藏在纽约联邦储备银行的黄金统统运回巴黎。

美国政府继续卖出黄金，越卖越多，以求维持美元兑黄金的价格。1971 年 8 月 15 日，尼克松总统“关闭黄金兑换的窗口”，不让任何人兑换黄金，从此不需要以卖出黄金的方式抑制市场价格。他说美国这么做是想终止“国际金融炒作”。

美元仍是国际储备货币，而且成为法定货币。其他主要货币只能兑换美元，并且也跟着成为法定货币。全球大多数货币都与黄金脱钩。

各国政府从此得以凭空大量印钞，通货膨胀成为各国的基本现实，美国也不例外。从 1971 年至今，美联储大肆发行钞票，美元购买力减少将近 80%。

## 谢谢你，尼克松先生

当黄金不再属于货币体系的一环，美元欲维持国际储备货币的地位须另辟蹊径。华府也许想减少美国的贸易赤字（亦即外国相对持有较多美元），但这样势必减少美元的发行量。结果华府不是采取这套办法，却反其道而行，设法进一步主宰全球金融体系，既让美元维持国际储备货币的稳固地位，还能继续多印美元。

由于美元是国际储备货币，当美国发行更多美元，外国商品将变得更便宜，美国民众也就能买得更多。如果这个体系无以为继，美国民众的生活水平会下降，他们把错怪到谁身上，谁就别想在政坛混下去。

幸好有个现成的好机会，那就是某个比黄金对全球经济更重要的替代品：石油。虽然尼克松确实做错许多事，但他提出油元体系，让美国在往后数十年继续主宰全球金融。

尼克松在关闭黄金兑换窗口以后，派国务卿基辛格到沙特阿拉伯，向王室绍德家族提出一个包含四大好处的协议：美国政府愿意出兵保护沙特阿拉伯及其油田，出售任何所需武器，防止以色列与伊朗等意图不轨的中东国家入侵，并确保绍德家族得以永久统治沙特阿拉伯。

其中第四点最为关键。但沙特阿拉伯必须答应两个要求：第一，只以美元进行石油交易；第二，卖油多余收益必须投资美国公债。

沙特阿拉伯当年是一个地广人稀但相当有钱的国家（今日亦然），困在黑暗时代与现代世界之间，周遭动荡纷扰，素来难以对付两大强邻，难怪绍德家族备感威胁，乐于寻求强权的保护。结果，绍德家族认为基辛格的提议很好。

沙特阿拉伯在 1974 年签署协议，随后正如尼克松与基辛格所料，石油输出国组织的其他成员国纷纷同意签署，所有成员国在 1975 年开始拥抱油元体系。

这招相当聪明。全球日益需要石油，也就跟着需要美元。就美国而言，“美元兑换石油”体系甚至胜过《布列敦森林协议》的“美元兑换黄金”体系，美国从此不必遵守麻烦的兑换承诺，并得以毫无限制地大量印钞来购买进口商品，这妙招引起其他效应。人人需要石油，但石油只能以美元购买，各国只得储备美元，美联储得以无须成本即可印钞。

尼克松的油元体系让美国数十年间维持全球经济霸主地位，但大博弈尚未结束。进入 21 世纪，在欧洲东陲，普京这位博弈高手开始重建分崩离析的祖国，准备让俄罗斯东山再起。

# 第四章　斯拉夫战士

之前我详细说过普京如何运用司法整肃异己，加上善用民众对过往荣光的缅怀，最终成为强人领袖，成为让俄罗斯东山再起的“现代沙皇”。民众热爱他呈现的形象：炮火猛烈的战士、强横勇猛的飞行员，以及精于骑术的骑师。先前民众闷了许多年，忍受庸碌无能且时常酒醉的叶利钦，现在普京正是他们梦寐以求的那种领袖。

此外，普京不止爱表现，不但坐而言，还起而行：打败车臣叛军，毁掉可憎的寡头大亨（少数盟友除外），不容任何人出言违抗。

美国面对普京在俄罗斯的极高声望，最想问一个根本问题：他到底要什么？答案远比大多数美国人所想的更复杂，政界、媒体与普罗大众根本没弄清楚。无论目前或今后，美国的致命错误就是不够理解普京的心中愿景与复杂思维。

本书试着吹开那片掩盖普京真实面貌的迷雾，让西方世界跳出媒体印象，跳出默认（或恐惧）眼光，看见真正的他，唯有如此，才能知道他到底要什么。

## 儿时普京

普京来自圣彼得堡，生于 1952 年，当时圣彼得堡称为列宁格勒。

圣彼得堡很适合普京。首先，这座城市是在 18 世纪初由彼得大帝建立，那时他刚从堪称首要死敌的瑞典帝国手中夺下这处海港。彼得大帝果敢无惧，一心荣耀祖国，是普京大力效法的历史人物。

其次，圣彼得堡长年以来是俄罗斯的“欧洲之窗”，隔着波罗的海与斯德哥尔摩对望，位于涅瓦河口的三角洲上。虽然俄罗斯的领土一路从圣彼得堡延伸至太平洋，但普京认为俄罗斯主要是欧洲国家，也应当成为欧洲的中心。

普京的母亲是女工，父亲在苏联海军服役，一家6口住在老鼠肆虐的公寓里，总共4个大人与两个小孩挤在不到6平方米的狭小空间，只有一个房间，没有热水，甚至洗冷水澡都没浴盆，厕所则在外头的楼梯间，在漫长严冬要上厕所实在是一件痛苦的事。

尽管普京出身寒微，但从小就开始接触苏联精英的思维与手腕，这都归功于一位注定对他留下深远影响的人：他的祖父斯比瑞顿·普京。斯比瑞顿经历过战争与革命，对时政有自己的看法，不吝跟年幼的普京倾囊相授，此外亦畅谈政局风云。

1879年，斯比瑞顿生于莫斯科东南方约150千米的窝瓦河盆地，是一个农家子弟，在15岁时离家前往圣彼得堡，接受厨艺训练，给声名狼藉的拉斯普京服务过，当时拉斯普京留意到两人姓氏的相近，加上欣赏他的厨艺，最后赏给他10卢布当作小费。

第一次世界大战与俄国革命以后，厨艺出众的斯比瑞顿搬到莫斯科，被邀请到位于格理的列宁所住的乡间别墅掌厨。1924年列宁去世以后，斯比瑞顿继续替列宁的家人掌厨，后来则替斯大林掌厨。虽然在列宁生前，斯大林受打击，但斯比瑞顿并未因此受牵连，尽管许多斯大林身边的人下场凄惨，面临处死、流放或强迫劳改，但斯比瑞顿却相安无事，甚至活得比斯大林更久。

这不是侥幸，而是出于斯比瑞顿敏锐灵活的政治直觉与处事手腕。晚年之际，他在圣彼得堡把生平所学悉心分享给好学和好奇的孙子，甚至有趣的是，他或许还让普京一窥谍报的奥妙，因为据说他曾在秘密警察机构“内务人民委员部”，也就是国安会的前身工作过。他在普京13岁时过世。

普京本身是一个难缠的小孩，不爱听话，渴求权力，冲动专横，在学校的举止有些叛逆甚至有些暴力，四处惹是生非，一度因为犯下小罪给揪到地方上私下受审。

俄罗斯人与犹太人有过节，但普京不知为何不受影响，从小与犹太邻居来往并做朋友。起初教他德文的是一位犹太老师，日后他给这位犹太老师一间特拉维夫的公寓房子，感谢这位犹太老师对他的影响。他不反对闪族人，因此得以自由寻求犹太裔寡头大亨的政治支持，而且我们之后会讨论到他因此能与以色列这个中东的潜在盟友客观互动。

## 少时普京

跟许多街头霸王一样，普京因为体育走上另一条道路。12 岁左右，祖父尚在人世时，普京开始练拳击，随后改练柔道、空手道与苏联的格斗技术“桑搏术”。他后来成为桑搏术全市冠军，依靠桑搏术击败过“柔道世界冠军”。

武术的身心要求令少时普京着迷不已。他想当战士，而战士得练武。他知道必须弥补身材劣势，这是圣彼得堡围城战期间许多挨饿孩童都面临的课题。他个头较小却很强壮，还从柔道那里学到要精明灵活，最重要的是要有高度的纪律性。

他对武术的热爱，使得他由此变成优秀学生。

普京在青少年时期热爱书籍、电视与电影里的谍报故事。在国安会推广的漫画中，苏联特工是对抗纳粹德军的英雄人物。普京 16 岁时迷上《盾与刀》，这部 1968 年推出的庞德风格电影描述一位双面间谍渗透德国，阻碍纳粹的作战计划。

普京开始梦想成为俄罗斯特工，但跟别人不同的是，他真的付诸行动。他九年级时找上国安会官员询问如何加入该组织，对方说读法学院是一条路，但也叫他永远别再私下联络国安会人员。

在那之后，普京一心想读法学院，虽然这条路在苏联既不赚钱又不体面。1970 年，尽管父母期望普京学工程，他却进入圣彼得堡国立大学的法学系，不必再与国安会联络了，因为国安会自己上门找他，就在他原本读五年大学的第四年。1975 年，22 岁的普京加入国安会。

## 特工普京

接下来的 16 年期间，普京形容自己的工作是担任“人际来往专家”。普京能说一口流利的德语，北欧语系也会说，在 1985 年调派到东德的德勒斯登，在那里卧底 5 年。他的工作表现显然不错，一连升迁 3 次，但仍只是小角色。

他跟其他保住职位与性命的苏联特工一样，很懂得解读与操纵人心，也不怕采取暴力手段，这些都是在特工机构里往上爬的必备技能。

在柏林围墙倒塌与东德垮台之际，普京无法与莫斯科那边取得联系，只能自己做主，这是他人生的关键插曲，事后他回忆说：“我觉得我们国家好像不存在了。苏联显然生病了，像是得到无药可医的致命瘫痪：无力的瘫痪。”显然，这种瘫痪无法拖住他的脚步。

他知道自己身处险境，必须逃离东德，但在此之前他先烧毁许多档案数据，然后把最机密的文件带在身上，尽管办事处遭愤怒民众包围，但他走出前门消失无踪，如同一道鬼影。

1991 年，他正式离开国安会，并重返大学攻读博士，他在论文中指出，俄罗斯经济有赖正确运用能源资源。

普京离开学校以后，在圣彼得堡投身政坛，跟梅德韦杰夫与谢钦深交，至今仍过往甚密。

多数人拥戴叶利钦，但普京选择在办公室挂起彼得大帝年轻时意气风发的画像，这幅画清楚象征普京的雄心壮志。当彼得大帝在 17 世纪即位之际，俄罗斯形同孤立，欧洲文艺复兴时代的科学与技术并未传入，势力庞大的东正教教廷仍备受中世纪般的迷信崇拜，但俄罗斯文化与欧洲并未接轨。

尽管俄罗斯贵族强烈反弹，彼得大帝执意改革军队与重组政府，建立一支海军劲旅，派兵从鄂图曼帝国抢下衔接黑海的土地，把领土向波罗的海扩张。他把俄文字母现代化，发行俄罗斯第一份报纸，让学校教育从宗教分离出来，让西式服装成为时尚，还从欧洲聘请专家帮助学生见识世界的科技发展。

彼得大帝的革新很有远见，俄罗斯经济脱胎换骨，俄罗斯也以现代化国家的姿态站上国际舞台。然而，为了达成这种惊人成果，彼得大帝必须凭借强硬手段专断独行，锐意推动现代化，置人民意愿于不顾，而这种做法十分吸引普京。日后普京从叶利钦手里接过烂摊子，面对经济与政治的乱局，却认为这正如同当年彼得大帝让俄罗斯挥别一团混乱那样，跻身国际强权。等普京握有大权，他知道该怎么做。

## 旁观格鲁吉亚

叶利钦选普京接班，许多克里姆林宫的观察家大跌眼镜。普京往上蹿升极快，看似不可思议，却符合他踏入政坛几年前既有的计划。普京有不可动摇的信念，深信俄罗斯该是某个面貌，如今国家由他掌舵，身旁尽是足以信任的能人，他有能耐发现并解决问题，毫不理会他人评论。

我们现在知道他蹿起的时机恰到好处，要是他早几年或晚几年出来打拼，想蹿起简直难上加难，甚至根本不可能。然而，他向来胸有成竹，既清楚心中的目标，也明白实现的方式。

我们之前探讨过，普京一开始就靠对车臣的强硬手段赢取民众好感，接着凭打垮高高在上的寡头大亨证明谁才是老大，趁机按设计好的计划掌握俄罗斯的能源产业，吞下尤科斯石油公司，把俄罗斯石油公司、俄罗斯天然气工业公司与其他能源公司交由心腹掌控，准备以能源为根基，建立一个媲美彼得大帝时代的现代版俄罗斯帝国。

为了符合长期利益，他跟许多苏联加盟国保持密切关系，甚至设法加以掌控，毕竟这些国家有许多能源与基础建设，是大计里所需的重要一环。

格鲁吉亚一直是俄罗斯的肉中刺，在过去几世纪屡次挑起俄罗斯与伊朗及鄂图曼帝国的冲突，近几年则推出违反俄罗斯利益的能源战略，并寻求加入北大西洋公约组织。格鲁吉亚趁苏联解体之际寻求独立，并在 1991 年获得俄罗斯承认，之后内部却出现冲突摩擦：阿布哈兹与南奥塞梯两个自治区向来亲俄，居民不说格鲁吉亚语，数世纪以来与格鲁吉亚不断交战，如今想独立为主权国家。

2003 年，玫瑰革命爆发，采取专制统治的格鲁吉亚总统谢瓦尔德纳泽被赶下台。谢瓦尔德纳泽是格鲁吉亚人，之前在戈尔巴乔夫时代担任苏联外交部部长。

谢瓦尔德纳泽政权非常亲西方。格鲁吉亚接受美国的经济与军事援助，与北约签署战略合作，并一心想加入北约与欧盟。值得注意的是，谢瓦尔德纳泽跟西方投资人签订 30 亿美元的合作计划，兴建一条从阿塞拜疆通往土耳其的油管，与俄罗斯的油管系统抗衡。

谢瓦尔德纳泽多次遭到暗杀，一些人认为其中至少一次暗杀计划是由俄罗斯主导的。他们也许讲得没错，谢瓦尔德纳泽与美国关系密切，美国乐于靠他在南高加索地区抗衡俄罗斯，俄罗斯对此则十分不满。此外，俄罗斯人认为他在车臣战争期间支持车臣恐怖分子。

在谢瓦尔德纳泽的统治下，格鲁吉亚犯罪率高涨，贪污盛行，高官与政客尤其贪腐严重。他的亲近顾问有好几位是家族成员，这个小圈圈累积大量财富，几乎控制格鲁吉亚 70% 的经济。谢瓦尔德纳泽本人未受贪污的指控，但许多格鲁吉亚民众认为他错在包庇贪污者，滥用任命权，放任选举舞弊的出现，导致格鲁吉亚沦为腐败之国。最后，连美方都不愿再往这个黑洞送钱，也不在意谢瓦尔德纳泽的去留，并开始推动新的选举。莫斯科与华府一时间可谓或多或少利害一致。谢瓦尔德纳泽终于下台，但玫瑰革命绝非一群天真嬉皮搞出来的活动，而是由在这个地带扮演政治要角的非政府组织精心策划和主导。

根据格鲁吉亚在 1997 年推出的民法条例，非政府组织的登记立案相对容易，运作限制很少。截止至 2000 年年底，格鲁吉亚的非政府组织数量达到 4000 个，其中当然不是全部都涉及政治，但政治性组织背后多有高额的国外资金援助，毕竟西方的支持对象从谢瓦尔德纳泽政权转向反对势力，许多政治性非政府组织在国会具有势力。虽然很少民众实际参与这些组织，但这些组织能动员民众挑战谢瓦尔德纳泽政权。

大规模冲突在2003年11月2日的国会选举之后爆发。大选隔天，抗议民众在首都高呼选举不合法、选举结果无效。抗议人数缓缓增加至10万人（占全国总人口的3%），高呼谢瓦尔德纳泽下台。20天以后，也就是11月23日，谢瓦尔德纳泽下台，示威宣告结束。

几乎人人都有理由欢呼庆祝，毕竟玫瑰革命并未酿成流血伤亡。尽管谢瓦尔德纳泽在街头派驻士兵，但士兵拒绝向民众开枪。值得注意的是，尽管格鲁吉亚邻近俄罗斯，阿布哈兹与南奥塞梯又有紧张冲突，但普京拒绝介入玫瑰革命。

以前的苏联总理无疑会一见征兆即迅速出手镇压反对势力，但普京不同。普京毫不在乎出兵，但出兵决策向来出于精心计算，而非被动反制。他会小心权衡军事行动对俄罗斯的利弊得失，评估代价与风险，此外他尊重法律的限制，甚至全然依法行事，至少是依照自己对法律的解读来行事，因此除非有迫切介入的必要，否则宁可袖手旁观，隔岸静观其变。

然而，最好不要正面对抗普京，格鲁吉亚在四年半之后学到了这个教训。

## 出兵格鲁吉亚

一如意料，阿布哈兹与南奥塞梯冲突爆发。这两个地区一心寻求独立建国，眼看科索沃自行宣布独立，于是向俄罗斯等国与国际组织要求类似待遇。

2008年4月，普京在梅德韦杰夫总统底下担任总理职务，但仍在幕后主导一切，他宣布俄罗斯将考虑承认阿布哈兹与南奥塞梯。那年夏天冲突升温，这两个地区的分裂主义分子在俄罗斯的军事支持下谋求独立，意欲加入北约的格鲁吉亚则获得西方支持。

这是另一场代理战争，却暗藏一个关键：俄罗斯天然气工业公司考虑兴建一条通往阿布哈兹的天然气管道。

无论如何，俄罗斯在2008年8月承认这两个国家，俄格战争因此突然爆发。格鲁吉亚派兵进入南奥塞梯重申主权，俄罗斯则出兵对抗，并在隔天展开空袭。

这场战争很短，双方在12天后停火，伤亡很少，但数十万民众被迫流离失所。格鲁吉亚丧失将近1/5的领土与6%的人口，阿布哈兹与南奥塞梯继续在俄罗斯的支持下往独立建国迈进。

值得注意的是，普京并未全面开战，也无意吞并阿布哈兹与南奥塞梯，仅凭深思熟虑的军事行动维持现状。

战争结束以后，他透过当时的梅德韦杰夫总统，设法以合作取代冲突。2011年11月，尽管格鲁吉亚与俄罗斯仍互相不满，但接受瑞士的提议，在阿布哈兹与南奥塞梯的边境设立贸易监督检查站。这样修补关系很正常，俄罗斯还获得额外好处，那就是加入世界贸易组织。加入该组织须经现有成员国同意，俄罗斯需要格鲁吉亚那一票。

# 第五章 乌克兰

沙俄与乌克兰的纠葛错综复杂，充满斑斑血腥。

乌克兰曾是沙俄的一部分。基辅罗斯是史上第一个以东斯拉夫人为主体的国家，由乌克兰人在9世纪时建立，在中世纪时国力强盛，却在12世纪被灭国，后来这块区域屡经战乱。18世纪末乌克兰分裂，一小部分并入奥地利与匈牙利，其余部分并入沙俄帝国。

20世纪的第二个10年，欧洲一片混乱，乌克兰也不例外，在1917年到1921年爆发内战，群雄争霸，乌克兰共和国刚建立不久即告灭亡。1918年乌克兰以基辅为首都宣告独立之际，沙俄着手扶植另外一个以卡尔可夫为首都的政权，流血冲突不断上演。等到1922年，苏军击败人数占有优势的乌克兰军队，建立乌克兰苏维埃社会主义共和国，也就是苏联最早的几个发起国之一。

然而，俄罗斯与乌克兰的冲突并未休止。乌克兰人民在苏联时代过着水深火热的日子，最惨的是在1932年到1933年莫名爆发“乌克兰大饥荒”（Holodomor），直译则为“灭绝式饥荒”，各界普遍认为斯大林利用这次饥荒迫使乌克兰农民改用集体化农耕。

虽然各界对饥荒的成因莫衷一是，但这无疑是一场大灾难。士兵没收农民的谷物，饥荒接踵而来，苏联政权却袖手旁观，饿死人数至少超过250万，甚至可能高达700万。

乌克兰的悲惨命运延续到第二次世界大战期间。乌克兰反抗军在“二战”期间谋求独立建国，同时对抗纳粹与苏联，但许多乌克兰人对大饥荒余悸犹存，对俄罗斯又惧又恨，宁愿选择与纳粹合作。

第二次世界大战是乌克兰挥之不去的梦魇。1941年，德军占领乌克兰，把数百万乌克兰人抓到德国强迫劳役或当作战俘，其余民众则形同炮灰，作用是干扰苏军，让苏军疲于奔命，以期符合德军的战略利益。每六位乌克兰人就有一位丧生。纳粹统治乌克兰至1944年，之后苏军才逐步收回乌克兰。

1954年，以前的苏联总理赫鲁晓夫把克里米亚半岛划出俄罗斯，交由乌克兰管辖。表面名义是庆祝乌克兰与俄罗斯统一300周年纪念日，但也透露出他对乌克兰的偏爱，毕竟他是在靠乌克兰的边境小镇出生，在第二次世界大战以后花许多时间协助乌克兰重建。此外，赫鲁晓夫想消除民众对斯大林的崇敬心理，把克里米亚半岛奉送给乌克兰形同公开重提斯大林的暴行，并表示自己的弥补心意。

## 乌克兰对普京的利益

乌克兰苏维埃社会主义共和国垮台以后，乌克兰再度夹在中间，有些势力想靠向欧盟，有些势力想靠向俄罗斯。乌克兰本身摇摆不定，但普京却极感兴趣。事实上，乌克兰对俄罗斯有下述利益：

- 乌克兰应该把天然气管道交给俄罗斯并将天然气输往欧洲。
- 俄罗斯海军能安心利用克里米亚半岛上的塞凡堡军港。
- 莫斯科当局展现出乐于保护所有俄罗斯人的形象，包括在乌克兰东部占总人口18%的800万名俄罗斯人。
- 乌克兰必须当作俄罗斯与北约之间的缓冲区域。

### 天然气运输

乌克兰是欧洲数一数二浪费能源的国家，对照国内生产总值（简称GDP）来看，能源消耗量是欧洲平均值的4倍。我自己有亲身经历，有一次我住进基辅一间旅馆，发现房内冷气开得超强，但浴室暖气也在运转。

俄罗斯供应欧盟25%的天然气，其中一半是经过乌克兰的管线输送。多年来，乌克兰只收取少量费用，俄罗斯则以较低价格把天然气卖给乌克兰当作回报，因此乌克兰的天然气取得费用比欧洲低廉很多，经济受惠，电费等也便宜。总之，便宜是好事，却容易滋生浪费。乌克兰的天然气进口量在全球名列前茅，能源使用效率几乎处于末位。

2005 年，乌俄双方关系恶化，俄罗斯提高天然气价格，乌克兰民众面对节节攀高的电费简直苦不堪言。自从苏联瓦解以后，乌克兰几乎立刻与俄罗斯为天然气欠款起争执，后来乌克兰暗自挪用俄罗斯卖给欧洲的天然气，双方争执起来更是不可开交，而且不只是口头针锋相对，俄罗斯还多次中断给乌克兰的天然气供应，大批乌克兰民众在严冬之际被迫没有暖气与电力可用。为了逼迫乌克兰缴款，俄罗斯天然气工业公司甚至关掉供应欧洲的天然气管线，在 2006 年与 2009 年分别使欧洲面临天然气短缺的窘境。

2010 年年中，斯德哥尔摩法院给出仲裁，乌克兰国营瓦斯公司须归还 2009 年间所窃取共计 4300 亿立方英尺（1 立方英尺 = 0.028317 立方米）（下同）的天然气。乌克兰回应说归还速度“不会很快”。

俄罗斯寻求替代的输欧管线，正着手兴建一条通过黑海底下的南方输气管，尽管乌克兰坚称翻新现有管线较为省钱，但对俄罗斯而言，天然气与乌克兰问题既关乎经济利益也关乎政治利益。一方面，俄罗斯想通过向欧洲输送天然气获利，也就是扣除乌克兰的窃取行为与购气优惠以后仍须有利可图；但另一方面，俄罗斯也想握有能切断欧洲天然气供应的权力，借此影响欧洲的政治决定。如果光是因为乌克兰欠缴费用就中断供应，这招的效用不免大打折扣。从俄罗斯的角度来看，听话的乌克兰政府符合经济与政治利益。

## 塞凡堡军港

克里米亚半岛对俄罗斯的安危相当重要。

俄罗斯的黑海舰队向来以塞凡堡的天然港为基地，并从该基地派遣兵力到巴尔干半岛、地中海与中东。在 1954 年赫鲁晓夫把克里米亚半岛划给乌克兰以后，俄罗斯租借塞凡堡军港与邻近区域以确保基地照常运作，租约年限到 2042 年，俄罗斯可派 2.5 万名兵力驻守。这里也跟能源供应有关：南方输气管通过克里米亚半岛附近一处原本属于乌克兰的海域。附近黑海底下或许蕴藏石油，但相比之下只是小事。

## 保护俄罗斯人

政府就该保护公民。公民纳税并履行义务，政府则保护公民免于他国政府或窃贼黑帮的伤害。至于保障有相同血缘、族裔、信仰等特质的非公民则是政府的附加义务，堪称营销策略，用来强化政府在本国公民眼中的合法性。

约 1/3 的乌克兰人以俄文为母语，人数大概在 1500 万，主要分布在乌克兰东部，在克里米亚半岛等地区甚至为多数人口（见图 5.1）。他们是俄罗斯政府能纳入保护对象的显著目标。

乌克兰在 20 世纪碰到的大灾难对乌克兰文母语者与俄文母语者留下不同影响。乌克兰大饥荒害死数百万人，这笔账要怪到俄文母语者的头上；与纳粹合作害死更多人，则要算到乌克兰文母语者的头上。结果，两种不同母语者之间会对抗甚至内战也就不足为奇了。从 2013 年最后几个月起，乌克兰即陷入困局。

当乌克兰境内的俄文母语者宣称遭受攻击并寻求帮助时，普京不会充耳不闻，只要他想采取任何行动，包括入侵在内，宣传起来也言之成理。

## 缓冲区域

若说俄罗斯在 2014 年还担心遭西方武力入侵，美国读者大概会觉得不可思议。欧洲国家大多已裁减军力，人民安居乐业，顶多为足球比赛起一些冲突而已。至于美国似乎时常随便出兵，但其实从未跟俄罗斯硬碰硬，连苏联最构成威胁大患的那段时期都没有开战。

不妨称这种心理为历史创伤后遗症。总计 2000 万名俄罗斯人死于第二次世界大战，等于 1/8 的人口丧命，而且这还不是俄罗斯第一次跟欧洲国家死战。无论这样想合不合理，总之俄罗斯人希望邻国都是中立国，不跟任何一方结盟（或者只跟俄罗斯结盟），绝不会出兵进攻俄罗

图5.1　俄文母语者所占百分比（2001年人口普查数据）

资料来源：Statisitics Service fo Ukraine（2001年人口普查数据）

斯。此外，乌克兰连地形都让俄罗斯不敢大意：乌克兰由开阔平原构成，可供任何部队向莫斯科长驱直入。

俄罗斯不希望有邻国与西方密切合作，或许加入欧盟，或许加入北约导弹防御系统。反之，俄罗斯希望乌克兰跟自己关系紧密，从而作为缓冲区域。

## 乌克兰经济改革

苏联瓦解以后，乌克兰在 1991 年独立，却从第一天即面临贪污腐败与政治弊端等问题，民众分裂成水火不容的两派，一派想亲近西方并加入欧盟，另一派想与俄罗斯结盟。

乌克兰想从计划经济快速转型，结果失业率高涨，社会一片混乱，将近十年难以走出泥潭，据估计国内生产总值从 1991 年到 1998 年共计滑落 60%，多数乌克兰民众只能勒紧裤带过日子。许多物资出现短缺，政府被迫松绑其价格，但继续补贴国营农工企业。

货币政策模糊，通货膨胀严重。1993 年，物价飙涨百倍。1996 年，基辅当局推出新货币“格里夫纳”（hryvnia），经济才缓缓站稳脚步。2000 年，全年经济增长率达到 7%。2008 年，全球爆发金融海啸，乌克兰经济再度停滞。2008 年 11 月，国际货币基金组织提供 165 亿美元贷款给乌克兰。

对乌克兰来说，西欧那种富足生活的奢望遥不可及。

俄罗斯朝市场经济转型的历程也在乌克兰上演。1991 年以前，乌克兰采取苏联时期的经济模式：中央计划，中央控管，由国家掌握工业与资源，抑制民营企业。

当乌克兰政府不再一手抓以后，寡头大亨蹿起，贪腐盛行，跟俄罗斯简直如出一辙。一小群精明家伙占据有利位置，没花多少钱即掌握国家的矿产、金属、化工与能源。然而，乌克兰跟俄罗斯有一点不同，那就是没有普京出手限制寡头大亨，因此情况持续恶化。

20 年间，乌克兰的寡头大亨靠官商勾结占尽好处，尽管手段龌龊肮脏，但只要给点回扣，官员就睁一只眼闭一只眼。寡头大亨与贪官污吏吃香喝辣的，而民众则吃尽苦头。

## 勿忘投票

2004年乌克兰举行总统大选，其中一位竞选人是亲俄且握有大权的亚努科维奇，他的主要竞争对手是亲欧而且备受欢迎的尤先科，而尤先科刚遭人用戴奥辛下毒。这场双雄对决以亚努科维奇胜选告终，但民众高呼选举涉及舞弊，国内外的众多选举监督机构也认为大选结果受到操纵。

2004年11月，数千名尤先科支持者（多为亲欧的乌克兰文母语者）走上基辅街头示威抗议，开展“公民不服从运动”，从而掀起橙色革命。抗议民众遍及全国，采取静坐与大规模抗争等手段，并未诉诸暴力。西方资助的非政府组织在组织动员方面扮演重要角色。

抗议民众的要求获得回应。12月下旬，乌克兰高等法院判定应重新投票。国内外机构密切监督此次重选，大致认为投票状况“并无非法”。这一回，亲欧的尤先科胜选。

在橙色革命结束与亲俄候选人落选之际，普京始终遵守他先前的公开宣言，那就是不干涉其他主权国家的内政，但所谓人民主导的橙色革命的背后其实有西方资助，非政府组织大肆出钱出力，这想必很考验普京的耐性。

尤先科当选6年任期，并未主动违抗莫斯科当局。

下一届总统大选在2010年展开之际，尤先科跟他的重要盟友季莫申科闹翻。季莫申科是橙色革命领袖，在和尤先科闹翻以后，也出面角逐总统大选，与尤先科、亚努科维奇形成三强鼎立。亲欧派票源分散，亚努科维奇在第一轮选举得票数最高但并未过半，第二轮再与季莫申科展开对决，结果获得过半票数。

亲俄的亚努科维奇就此重掌大权，负责解决乌克兰的经济困境。他既谋求西方的援助，也谋求俄罗斯的援助，在两方之间来回游走，赌的是乞丐也能有选择的余地。

2013 年年底，在亚努科维奇谋求最佳利益之际，他的政府却遭到民众的强烈抗议。示威民众原本聚集在基辅的独立广场，反对政府与俄罗斯签订协议，结果场面失控，转为暴力冲突，亚努科维奇最终下台，由亲欧的临时总统代理职务。

## 独立广场革命

在美国媒体的报道中，独立广场革命似乎象征乌克兰人民已经受够当时的政局，专制暴君过着太阳王路易十四般的奢靡享乐生活，平民百姓却连面包都差点买不起，民众渴求加入欧盟，迎接更好的未来，害怕俄罗斯的魔爪。就事论事，这类报道似乎反映现实。

亚努科维奇似乎是一个暴君，大多数时候在大肆私吞国库财产与税金，连外国政府给的钱也收进口袋，不少同党都分到一杯羹。许多乌克兰人想跟欧盟有更紧密的合作。2011 年，亚努科维奇拒绝国际货币基金组织与世界银行的 24 亿美元贷款，民众对此相当气愤。然而，如果接受这笔贷款，乌克兰和西方将更紧密，跟俄罗斯则关系恶化。此外，这笔贷款有附带条件，包括大幅缩减退休公务员与老人的年金。

亚努科维奇想与俄罗斯谈成更好的条件。就在他打算放弃之际，一笔贷款使他回心转意。亚努科维奇在 2011 年拒绝国际货币基金组织与世界银行之后，却又开始倾向西方。两年后，他几乎想放弃俄罗斯，好好拥抱欧盟。然而，欧盟的援助附有条件。国际货币基金组织总裁拉加德（Christine Lagarde）要求乌克兰“大举改革”，尤其要改变财政、货币与能源政策。亚努科维奇表示理解，也似乎乐于接受。2013 年 9 月，乌克兰国会议长向亚努科维奇拍胸口保证欧洲要求的法案必定通过。各党都表示同意，唯独乌克兰共产党例外。

几个症结点确实棘手。一大症结是欧盟要求亚努科维奇释放季莫申科。先前亚努科维奇在 2010 年总统大选击败她，后来她遭到起诉，罪名是侵占 1 亿美元的公款。

此外，欧盟给钱并不大方。乌克兰总理阿扎罗夫（Mykola Azarov）向欧盟表示，乌克兰需要270亿美元才能重整经济，但欧盟只肯借8.38亿美元，若非乌克兰的处境实在太糟，大概不会接受欧盟条件。

当时乌克兰债台高筑，几乎花光外汇储备，货币快速贬值，惠誉国际信用评等公司（Fitch Ratings）把乌克兰主权债务的评级从“B－”调降为“CCC”（从“垃圾级”调降为“超级垃圾级”）。如果乌克兰不找谁借到钱，还真得面临破产。

2013年11月，乌克兰即将在立陶宛高峰会与欧盟签订联合协议，亚努科维奇似乎只剩一个宣示动作就将拥抱西方。“我要强调乌克兰现在别无选择，势必拥抱改革，跟欧洲各国合作。”他表示。

接下来两场会议登场。

第一场是在圣彼得堡的公开会议，与会者为乌克兰外交部部长和独联体国家其他成员国的政府首脑，会议主题是贸易，莫斯科当局借此机会展现对经济合作的开放态度，同意延后乌克兰的债务偿还期限，并恢复天然气的优惠价格——前提是乌克兰必须中止与欧盟的协商合作。

这场圣彼得堡的会议才刚结束，俄罗斯立刻追加一个甜头，那就是保证出资150亿美元购买乌克兰的政府公债。俄罗斯提出的协议并未要求乌克兰进行内部改革，这对贪污腐败的乌克兰政府而言很重要，这意味着“所有寡头大亨都不会有事。”

不必改革实在是一大甜头，但俄罗斯另一手还拿着棍棒。俄罗斯海关先前在8月时把所有乌克兰的出口产品一律列为潜在危险物品，俄罗斯市场的大门从此关闭。当然，只要乌克兰选择加入普京一手策划的欧亚经济联盟（简称CES），成为继俄罗斯、白俄罗斯与哈萨克斯坦之后的第四个成员国，贸易大门会再度开启。

第二场是亚努科维奇与普京的密会，他们谈了什么没人知道，但可以确定他们不是在聊插花之道。

总之，亚努科维奇突然180°大转弯，在最后关头宣布乌克兰将回绝欧盟的提议，转为拥抱欧亚经济联盟。欧盟正准备替乌克兰办一场盛大的欢迎派对，这个突然转变令欧盟十分难堪。

西方无法接受这个挫败，后来演变出名为“橙色抗争”（Orange Crush）的独立广场革命。

独立广场革命爆发以后，华府展现包装手腕。在华府的宣传下，美国民众认为这是一场自发的革命，乌克兰人民手无寸铁却无比英勇，一心追求民主，对抗不受欢迎的专横暴君。亚努科维奇虽然专横，不受欢迎，但他也是由人民投票选出来的，人民不会因为他转向俄罗斯就突然决定起义。

美国与欧盟多年来设法把乌克兰拉离俄罗斯那边。只要离间奏效，让俄罗斯身边多个心腹大患，真可谓外交政策的一大胜利。最终美国花50亿美元说服乌克兰，后来再掀起革命。

这个数目可不是出自“凡事怪美国自己头上”的自由派人士，而是出自美国国务院主管欧洲及欧亚事务的助理国务卿努兰。2013年12月中旬，她得意地表示美国不只“投资”50亿美元，也投入“五年准备工作”协助乌克兰“建立民主概念与制度”并“心向欧洲”。她描述说她跟亚努科维奇“费劲商谈”2小时，在谈话过程中她“清清楚楚”表明美国要求他“立刻采取行动”，并“跟欧洲和国际货币基金组织重新展开对话。”

否则……否则怎样？

华府并未如愿，因此煽动乌克兰民众对他们的民选政府示威抗议。这很容易，各枚棋子都已就位。2013年11月下旬，抗议民众涌上基辅街头，美方资助的在线公共电视台（Hromadske TV）忙着煽风点火。

抗议民众人数激增为数十万，与警方发生冲突，抗议的目的原本是要求亚努科维奇重新亲欧，后来却演变成要求他下台。伤亡出现，有些是直接命丧于警民双方的子弹下，冲突形势更如火上加油，抗议民众最终攻入政府机关。2014年2月，亚努科维奇仓皇逃离，临时政府成立，“巧克力”总统波罗申科（Petro Poroshenko）受命上台。

这起革命不只关乎乌克兰，还关乎俄罗斯与西方的角力，相当符合美国官方“白帽人对抗黑帽人”的标准戏码。抗议民众推翻的是一位民选总统，这可不是美国通常的做法。

西方媒体把这群推翻并赶跑亚努科维奇的抗议民众描绘“成高贵战士”，他们不顾个人生死，只求推翻暴政，建立民主政权，但这顶多只算讲对一半。这群所谓追求自由的“高贵战士”其实混着声名狼藉的家伙，包括极右翼的自由党（Svoboda Party）党员，该党延用20世纪30年代纳粹言论，党内高层包括戈培尔（Joseph Goebbels）研究中心的创办人，推崇的是纳粹宣传部长戈培尔。

华府当然加以淡化抗争活动的新纳粹色彩，但2013年12月参议员麦肯的访乌行程简直帮了倒忙。他发现跟他同台的是自由党领导人提扬波克，而提扬波克这个人不只会行纳粹举手礼，还呼吁乌克兰民众对抗乌克兰“俄罗斯犹太人党”，要求政府遏止“犹太组织”的“犯罪活动”。

美国政府把新纳粹势力当作可供利用的资产，表面上却加以掩盖。助理国务卿努兰为求协助乌克兰“建立民主思想与制度”，与提扬波克联手策划独立广场革命。后来相关通话内容外泄：她在讨论该怎么与提扬波克合作时说：最好让他“待在外面就好”，但要跟美国认可的新总统“每周四次”密切商谈。

主流媒体大多没有报道这些不甚光彩的部分，例如《时代杂志》表示“这次革命并未牵涉新纳粹组织”，但沙龙在线新闻网（*Salon*）在2014年2月25日发表不同视听：

> 独立广场革命……在本周愈演愈烈，公然展现激进的法西斯主义与新纳粹主义，过度明显而无法忽视。抗议民众占领市中心广场与镇暴警察对抗，要求贪腐丑闻缠身的亲俄总统亚努科维奇下台，但另外，极右派也主张维护国内的种族纯正。
>
> 抗议民众占领市政府，挂上“白种人至上”的旗帜，推倒列宁纪念碑，打出纳粹武装党卫队与白种主义的象征符号。亚努科维奇搭直升机逃离以后，民众捣毁“二战”抗德义士纪念碑。纳粹手势与纳粹党卫队的狼钩标志在独立广场上日渐常见，新纳粹势力在基辅与周围地区纷纷建立“自治区”。

临时政府让自由党干部担任四个职位，包括副首相、农业部长、环境部长与总检察长。尽管欧盟在2013年要求乌克兰推动内部改革，新政府也向欧盟倾斜，乌克兰的寡头大亨仍横行无忌，非法的金钱与权力交换不会就此绝迹。

临时政府找寡头大亨担任要职。塔鲁达是乌克兰排名第十六位的富豪，如今担任顿内次克州州长。“巧克力”总统波罗申科是亿万富豪，拥有乌克兰最大的糖果公司，当年趁乌克兰推动企业民营化之际低价购得国有资产而发迹，如今自然不会听从国际货币基金组织的“大举改革”要求。

乌克兰记者史古明（Andriy Skumin）如此描述波罗申科：

> 欧洲那边盲目找寻任何具备西方思想的乌克兰人，认为波罗申科是一个好人选，既能在国内推动改革，也能让乌克兰与欧洲的关系突破僵局……但这个经营寡头大亨事业的巨子不会跟欧洲整合，也不想循欧洲模式推动改革，也许顶多装出亲欧的模样。

## 克里米亚半岛回归

以前的苏联总理赫鲁晓夫在1954年把克里米亚半岛划给乌克兰之际，各界认为这只是一个政治动作，毕竟没人认为乌克兰苏维埃社会主义共和国会跟俄罗斯分道扬镳。

严格来说，赫鲁晓夫此举堪称违法，因为根据当时苏联法律的规定，划地前须提前交苏联最高代表大会，待大会会员讨论过后，还得举行公投。苏联最高代表大会确实一致同意划地，但当时并未达到法定最低出席人数。60年后的普京深知这些法律瑕疵。

普京基于某些理由对独立广场革命持复杂情绪，他不希望北约朝着俄罗斯扩张势力范围，但乌克兰又是一个他不介意推给别人的包袱。独立广场革命过后，俄罗斯随即不肯再花钱在乌克兰身上。俄罗斯天然气工业公司要求乌克兰缴交欠款，俄罗斯政府取消天然气的价格优惠，乌克兰的天然气价格一夜之间翻倍。如今乌克兰只能依靠欧盟提供资金援助，按全额价格向俄罗斯购买能源。

然而，普京绝不容许克里米亚半岛的海军基地面临任何风险，以及有一丝脱离俄罗斯掌控的可能。为求妥善保护克里米亚海军基地，他先要求当地部队严加戒备，接着派遣做好备战的部队增援，尽管普京本人否认这一举措。接下来，他同意克里米亚议会的决议案，公开欢迎克里米亚举行公投，借决议帮助克里米亚脱离乌克兰。

在克里米亚地区占多数的俄罗斯人始终心向俄罗斯，这次公投自然也以选票表达加入俄罗斯的意愿，宣告他们不愿接受独立广场革命的结果，认为这起革命涉及美方资助与纳粹再现。先前抗争势力痛恨俄罗斯，甚至在基辅杀害数十名俄罗斯人，后来其中有些抗争分子加入乌克兰的新政府，因此克里米亚民众当然有理由感到害怕，因此选择加入俄罗斯。

公投过程迅速且和平，没有流半滴血，和基辅先前的抗争场面截然不同。西方高调抨击，但普京仍欢迎克里米亚投入俄罗斯的怀抱。他认为怎样符合俄罗斯的利益就会怎么去做，即使遭受嘲弄或制裁仍不为所动。

没人说得准乌克兰的局势接下来会如何发展，但恐怕很难看。欧美支持的抗争领袖搅乱一池水，指派两位寡头大亨分别担任顿内次克州与聂伯城州的州长，但这两州都以俄罗斯人为主，分离主义盛行，许多民众欲效仿克里米亚并加入俄罗斯。如果他们真这么做，尽管普京一向劝阻经济不佳的地区循公投模式入俄，只怕仍会不甚情愿地欢迎这两州的加入。

他说过不会出兵介入，却也提出警告：如果乌克兰东部的俄罗斯居民面临人身威胁，俄罗斯会出面保护他们。

没人希望冷战转为热战，但这不是美国涉入乌克兰事务的唯一风险。要是美国继续招惹普京，他只会加快终结当前的油元体系。

## 乌克兰的能源资源

谈到能源议题，乌克兰以两件事著称：第一，为天然气费用跟俄罗斯争执不休；第二，绝不允许切尔诺贝利核灾重演。然而，乌克兰在能源方面仍有许多其他议题可谈。

乌克兰蕴藏大量天然气，仍采用传统技术开采。此外，乌克兰还有大量页岩气，适合以美国现今采用的压裂采气方式开采。

邻国波兰现正大举开采页岩气。卢布林盆地的页岩气储量据估计达50兆立方英尺，若以当前欧洲的天然气价格计算高达4000亿美元，等开采成功以后，波兰有望成为天然气净出口国，但这还只是波兰的一部分，卢布林盆地的页岩气层其实延伸至乌克兰，在乌克兰境内的储量应与波兰境内不相上下。

乌克兰想借开采国内资源以减少对俄罗斯的依赖程度，但目前页岩气的开采进度十分缓慢。乌克兰正与波兰竞争天然气开采的外资，但波兰远比乌克兰更加态度友善，政治风险也更低。外资在乌克兰面临开采执照核发不易的问题，售价也有限制。在波兰申请开采许可只要跟能源部接洽，所需时间为3个月，至于在乌克兰则得跟许多部门打交道，耗费一年以上的时间，许多外资选择半途退出，包括马拉松石油公司等大型公司在内。

此外，页岩气甚至还不是乌克兰最迫切开发的天然资源。乌克兰蕴藏大量煤矿，高达340亿吨，储量居全球第六位，但繁杂的开采申请流程仍把投资人拒于门外。

乌克兰的现有煤矿以效率低而闻名，只有少数私营煤矿赚钱，多数国有煤矿纵使有补贴但依然赔钱。

## 煤气

乌克兰不仅有许多煤矿，煤矿中也有大量煤气，储量高达105兆～125兆立方英尺。开采煤气有助乌克兰朝能源独立迈出一大步。

煤气容易爆炸，如果能加以捕捉，煤矿会更安全，矿工死亡率也能下降。乌克兰目前平均每年有 317 位矿工丧命。一旦煤气浓度过高，煤矿有时须减产与关闭，煤气捕捉技术也有助于降低这类损失。

此外，煤气中的甲烷属于温室气体，比二氧化碳的危害高出许多，每年乌克兰的煤矿溢出高达 30 亿立方英尺的煤气，因此捕捉煤气有助于换取碳排放额度。

当然，乌克兰当局对投资人的不友善态度再次阻碍经济发展。

然而，乌克兰政府经过多年对煤气储量的评估，在 2009 年确实针对煤气的开采与生产颁布相关法规，内容涵盖执照核发、安全议题与环境保护，展现政府的鼓励态度，提出减税优惠，包括在 2020 年前免缴营业所得税。

第一个提出申请的是谁？你猜得没错：俄罗斯。俄罗斯天然气工业公司马上与乌克兰国营瓦斯公司签约，准备联手开采煤气。

# 第六章　普京的手段

谈到外交政策，普京能娴熟采取强硬手段，但他还懂得另外一套（姑且称为白脸做法），用来避开冲突与争执。

比方说，普京针对国际合作推出欧亚经济联盟，建立初期成员国有俄罗斯、白俄罗斯与哈萨克斯坦，形成一个自由贸易区。他表示欧亚经济联盟“对这三个国家，以致更广泛的苏联地区，都堪称历史的里程碑，这样说绝对不夸张”。

俄罗斯当地的《消息报》（*Izvestia*）刊载普京对欧亚经济联盟的更多说法，充分反映他的见解。

> 我们要让（欧亚经济联盟的）整合更容易为人理解，成为一项长期永续计划，吸引任何独自面对当前政治环境变动等起伏的个人或企业。
>
> 这个架构之后也会包括免签与移民政策，成员国之间取消边境管制。
>
> （新）形势……将促进跨国合作，一般大众面临的移民与出境等限制随之减少，包括外籍员工配额也会取消，他们能自由选择居住、求学或工作的地点，有利工作的迁徙。
>
> 广大区域的种种生意机会也会开放。我在此是指依照统一的标准与法规，管理新兴活跃市场的良好商品与服务——在多数状况下，此标准将与欧洲一致……
>
> 我深信广泛的贸易松绑如同稳固基石，足以从经济层面促进全民福祉。

（欧亚经济联盟将促使）企业家真正依法竞争。所有俄罗斯、白俄罗斯与哈萨克斯坦的企业家得以选择要在这三国之中的哪一国替公司注册，做生意……各国当局有诱因改善市场制度、管理程序，还有商业与投资气氛。整体而言，各国当局被迫改进自身的不足之处，处理先前从未好好处理的问题，提升法律制度，跟上欧洲与全球的脚步。

对我们来说，一大重点在于三个国家的民众与企业界能有正面感受，不会认为这个整合计划是政府高层硬弄出来的东西，而是认为这如同活生生的有机体，是开创生意并获得成功的大好机会。基本要求是这个整合计划要尽量摆脱官僚作风，留意大家真正的需求。

普京这位前国安会特工是真心拥护自由开放市场吗？至少他嘴巴上是这么说的。此外，他也说过这句话。

（我们）立下一个野心勃勃的目标：走向下一个更高程度的整合，那就是欧亚大陆联盟。

照他的说法，结果会是一个“高度成熟的经济联盟”，足以跟欧盟与中国分庭抗礼。

为达到此目标，他提议把欧亚经济联盟的关税同盟扩大到塔吉克斯坦与吉尔吉斯斯坦，这两个国家都向俄罗斯政府请求援助。亚美尼亚在2015年加入联盟，吉尔吉斯斯坦亦然。

普京还向阿塞拜疆与摩尔多瓦招手，虽然欧盟也寻求这两国的加入。他也思索是否有可能从中国的手中吸引到乌兹别克斯坦、土库曼斯坦与塔吉克斯坦，虽然这三国仍持谨慎的态度，不确定是否应该与俄罗斯重新打交道。值得注意的是，阿塞拜疆拥有许多石油，土库曼斯坦与乌兹别克斯坦的矿产与能源储量都很丰富，各自都是俄罗斯觊觎的对象。多数华府重要人士认为这个欧亚经济联盟形同苏联借尸还魂，普京则不断淡化这种联想。

普京在《消息报》的报道中表示："这跟苏联毫不相关。苏联已是历史，想加以复兴或仿效未免天真。我们这次要寻求的是以崭新价值建立密切整合，并以新的政治与经济合作为基础。"

## 欧亚经济联盟背后

普京的想法很远大："我们正在提倡的是一个超越国家的紧密结盟模式，足以成为现代世界举足轻重的一极，有效串联起欧洲与活跃的亚太地区……"普京向来喜欢强调合作，他说欧亚经济联盟确实能逐渐跟欧盟成为合作伙伴："这个欧亚经济联盟的成员国不只在经济方面享有直接好处，也能站在更佳位置与欧洲迅速整合。"

许多人认为这只是华而不实的空洞说词，华府人士尤其如此认为，但他们大概错了。普京也许是利伯维尔场的拥护者，也许不是，但基于某个实际原因，他这番话大概是发自内心的：欧亚经济联盟在经济、政治与军事上对俄罗斯有利，符合他的远大愿景。

然而，这个关乎大博弈的结盟计划实行起来却很棘手，无论克里姆林宫再怎么施压，有些目标国家也许都很难点头答应加入，尤其以乌克兰与阿塞拜疆为甚。至于利诱几个财政困窘的独立国家加入，只会对俄罗斯造成相当大的负担。此外，开放边境容易引起俄罗斯国内民众的反感。他们热爱这位斯拉夫战士的总统，却不乐见低薪劳工涌入俄罗斯的大小城镇，其中许多还是伊斯兰国家的劳工。

由此看来，"新苏联"大概永远不会出现，连沸沸扬扬的欧亚经济联盟都不太可能成形。然而，这两者也不是普京心头愿景的重要一环，他还有许多地缘政治的其余选项。

其中一个是上海合作组织，成员国包括中国、俄罗斯、哈萨克斯坦、塔吉克斯坦、吉尔吉斯斯坦与乌兹别克斯坦等，表面目标是反制极端主义与维护边境安全，实际目标则是对抗北约，官方对这一点并不否认。尽管上海合作组织的官方原则为不结盟、不对抗与不介入他国事务，各成员国还是会搞联合军事演习。

上海合作组织仍在招兵买马，普京想让巴基斯坦加入（巴基斯坦在2017年已加入），中国则偏好伊朗，如果这两个国家顺利加入，足以对地缘政治产生重大影响，俄罗斯、中国、巴基斯坦与伊朗会针对经济与国家安全议题展开协调合作。

能源当然也是一大议题。一旦伊朗顺利加入，上海合作组织成员国就能掌握全球天然气的半数储量，输气管线系统建造工程会在亚洲内部整合，而不是在欧亚之间协调。

美国与欧洲已不像当年那么耀眼，全球势力如何平衡取决于各方的角力成果。更冷的冷战涉及各国对石油、天然气、铀矿、煤矿与输送管线的激烈竞争，局势往哪一方倾斜正取决于此，普京花费十年做足准备，接下来一心奋战到底。

俄罗斯循着正轨前进。全球的“普京化”（Putinization）不是即将开始，而是早已进行。这对西方的应对方式会有重大影响，原因如下：虽然普京宣称乐于与全球合作，但他向来把俄罗斯摆在首位，首要目标是让俄罗斯在任何国际协商中都有话语权，而为了达到这一目标有赖于自然资源，其他一切与此环环相扣，此外还要削弱美国的实力与势力。

1997年，俄国经济深陷泥潭之际，普京写出有关经济的博士论文，标题为《从矿产与原料资源探讨俄罗斯经济发展策略》，其中有如下段落：

> 总结而言，根据现有社会与经济状况，倘使俄罗斯欲浴火重生，在强调卓越的崭新高度并重现过往实力后，如何善用国内矿产与原料资源在短期内将是首要之务。俄罗斯宜理性妥善地充分运用自然资源，方得尽快摆脱当前危机，生产高科技产品，解决粮食供应问题以确保国家安全，改进与其他国家的贸易架构，消除诸多社会问题，从各层面替俄罗斯开创未来。

如果俄罗斯的目标是“在强调卓越的崭新高度”东山再起，普京认为要聚焦在石油、天然气与核能三大关键领域，并在全球取得主宰地位。

## 旧局重演

21 世纪头几年，如果哪个政治分析家认为俄罗斯正蓄势待发要把贪婪的魔爪伸向欧洲，大多数人大概会认为他根本不懂，甚至有点愚蠢，还活在冷战的余悸之下。现在谁还需要理会冷战啊？冷战结束了，西方胜利了，俄罗斯人忙着痛饮伏特加掉眼泪，哪有闲工夫蓄什么势、待什么发。

然而，一场更冷的冷战确实正在酝酿，武器是油井、天然气、铀矿、相关工业、输送管线与港口建设。就此而论，欧洲再次与俄罗斯窄路相逢，美国则视俄罗斯为主要对手（见图 6.1）。

俄罗斯具备大量天然资源，中国握有巨额资金，双方足以结盟并吸引苏联那些加盟国加入，势力范围遍及欧亚大陆与远东地区，甚至吸引那些对美国在全球舞台种种所作所为感到不满的非洲与拉美国家。

普京已表现得像是这个新兴集团的领袖。

就外交政策而言，普京明白表现出对美国自命为世界警察的不满，也批评欧洲不该在外交政策方面配合美国。

普京认为领袖应该强悍有力而且懂得应变，视情况能屈能伸，而这两位美国总统都没做到。布什是呆头呆脑的傻愣子，受新保守主义与爱敲战鼓的顾问左右，至于奥巴马根本不堪大任，对地缘政治一窍不通，在叙利亚与伊朗随随便便各摔一跤。普京认为明显有出兵必要时就该迅速果断地出手，正如他攻打车臣那般，但无缘无故出兵实属不智。如果能跟别国携手合作，从长远来看更加符合自身利益，那么何必开战呢？

长远影响才是重点。普京非常瞧不起美国政治人物满脑子只想着下届选举。

美国长期以来只顾埋头一意孤行，根本不管俄罗斯在联合国安全理事会有什么说法与举动。如果俄罗斯试图以否决权干预，美国就靠北约

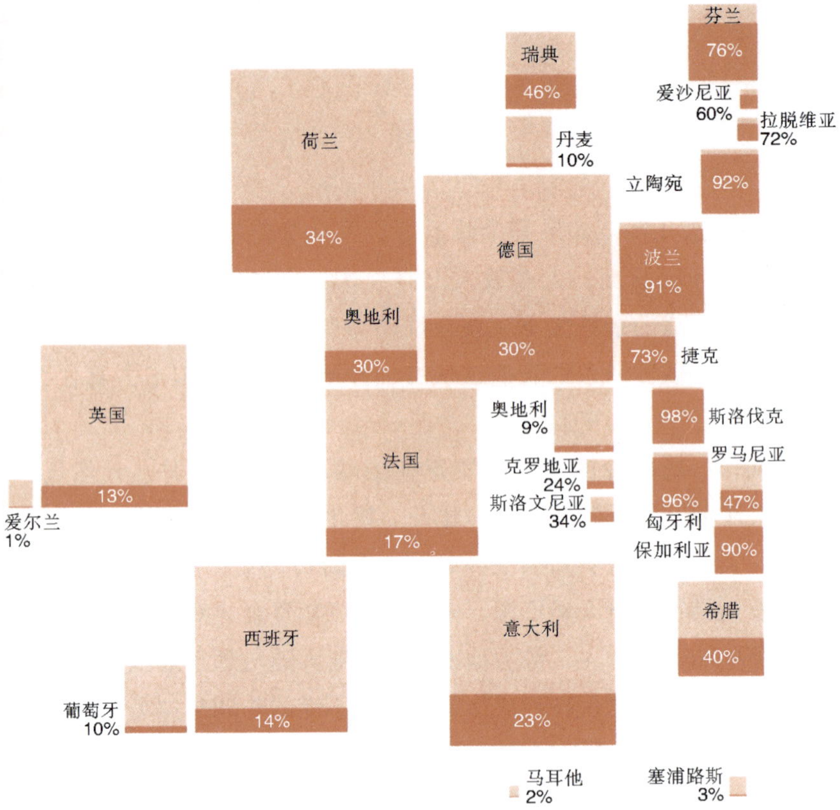


· 方块大小代表各国的能源总进口量（扣除欧盟境内进口）。
· 黑色区域代表从俄罗斯进口的比例。

图 6.1　欧洲各国对俄罗斯的能源依赖程度

或某个“自愿联盟”实行计划，要是没人附议就自行动手。华府处处对俄罗斯置之不理，刻意暗示俄罗斯的意见根本无足轻重。

如果美国先前乐于与俄罗斯合作，避免针锋相对，是否能与普京和睦相处呢？也许可以，也许不行，总之现实是两国彼此的敌意与疑虑日渐加深。然而，我们可以确定的是：普京永远不肯乖乖听命于美国。

而且他也不必如此。俄罗斯坐拥丰富天然资源，每单位面积的储藏量远胜大多数国家，总面积又居全球首位，几乎是第二大国加拿大的两倍，石油、天然气、煤、铀、金、银与许多其他矿藏储量均位于全球前列。

由于俄罗斯的天然气储量惊人，欧洲早在1999年就依赖俄罗斯供应天然气，普京也与中国签约并铺设新管线，把天然气供应给更多的国家。他还着手垄断铀矿市场，如今俄罗斯的浓缩铀产量在全球已占40%，加工混合铀产量独占鳌头，铀矿储量也十分惊人。此外，俄罗斯国营核子企业这一家核能巨擘比全球任何一家核电公司建造了更多的核电厂，有消息说该公司目前在全球负责21座核电厂的兴建工作。

接下来我们会明白这些都很重要。然而，现代世界的一切最终是以石油为依归，既然普京时代以石油为始，所以我也先从石油开始探讨。

# 第七章　石油的普京化

现在俄罗斯的多数石油产自西伯利亚的西部，但在 21 世纪初期这些油田仍破旧不堪。如同第三章所言，俄罗斯石油产业在 20 世纪 70 年代陷入致命的恶性循环，产量不断滑落，在苏联瓦解之际继续恶化，在 20 世纪 90 年代政治与经济动荡之际依旧不见好转。

在普京 1999 年独揽大权之前，石油产量已开始止跌回升，接着他支持石油产业不遗余力，促使大型石油公司并购那些小型石油公司，让投机分子退场。2007 年以来，花在整合各家石油公司的金额高达 1600 亿美元。

俄罗斯的石油产量节节攀高，1998 年的日产量是 600 万桶，10 年后增为 1000 万桶，2009 年从沙特阿拉伯手中抢下全球产量第一的头衔，2012 年的日产量达到 1100 万桶（见图 7.1）。俄罗斯国内的石油消

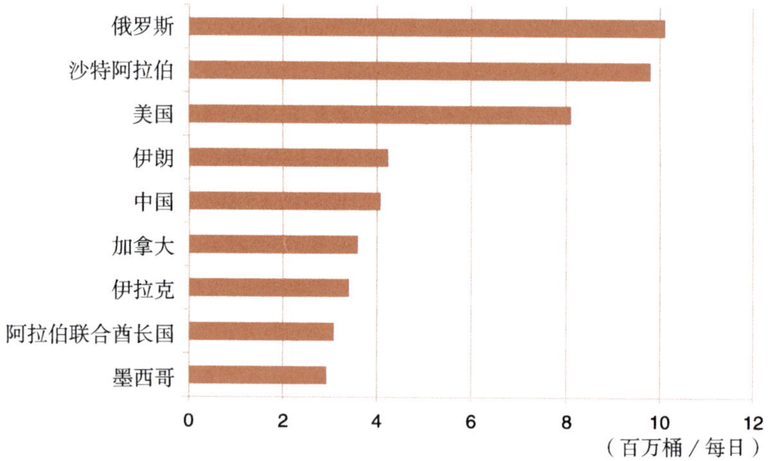


图 7.1　2012 年全球石油产量

耗量在 20 年间几乎没有改变，如今每日出口量几乎达到 800 万桶，等于全球每天支付约 10 亿美元给俄罗斯。

这也代表俄罗斯是维系全球运作的一大重要角色。全球石油消耗量在 2012 年为每日 8500 万桶，贸易额为 5500 万美元。换言之，俄罗斯的石油生产量占全球的 13%，出口量占 15%。

俄罗斯堪称石油大国。

此外，俄罗斯不只生产石油，还储藏更多石油。俄罗斯的石油储藏量很难准确预估，但用“大量”尚不足以形容，约在 600 亿至 770 亿桶之间（各机构的估值不尽相同），占全球储量的 5%。

## 石油浅谈

### 原油

原油由一堆化合物组成，是古生物（主要是浮游生物与藻类）经过数百万年加压加热逐渐形成，各地石油的组成成分不尽相同，但主要是碳氢化合物，加上少量硫、氧和氮的化合物。

碳氢化合物由碳原子和氢原子构成，所含碳原子越少，往往越呈液状，例如商用汽油含 8 个碳原子，石蜡则含 25 个以上的碳原子。

### 低硫原油与高硫原油

原油里的硫必须在提炼的过程中去除，这样产品才能完全燃烧。去硫过程花费的成本依据原油里的含硫量有所差异。

低硫原油的提炼费用较低，市价高于高硫原油。布兰特原油（主要产自北海）与西德州中级原油的含硫量低于 0.5%，属于低硫原油；沙特阿拉伯所产原油的含硫量为 1.7%，墨西哥玛雅原油的含硫量为 3.5%，属于高硫原油。就美国市场而言，西德州中级原油的单桶价格通常比墨西哥玛雅原油高 6～12 美元。

## 重质原油与轻质原油

轻质原油的氢原子对碳原子所占比例高过重质原油，燃烧产生的能量较多，价格也较高。布兰特原油与西德州中级原油均属轻质原油，委内瑞拉的奥里诺科石油带出产重质原油，沙特阿拉伯一带则属中质原油，介于重质原油与轻质原油之间。

## 焦油

焦油是由大分子碳氢化合物混合而成，例如沥青分子含有 35 个以上的碳原子。

## 何谓超轻原油

超轻原油是美制石油比重值甚高（超过五十度）的液态碳氢化合物，密度低（这个比重值越高，密度反而越低），通常在天然气生产过程中出现。“湿天然气”这个词是指生产过程中含有液态超轻原油的天然气。

## 提炼

原油提炼包含两个主要步骤。

步骤一是蒸馏。把原油加热至沸腾，在蒸气冷却之际，不同种类的碳氢化合物在特定温度（亦即其沸点）冷凝为液体。

步骤二是裂解。利用高温、水蒸气与化学触媒把较大的分子分解为较小的分子，亦即减少黏稠程度，转化为流动性高的液态燃料。裂解过程可控制化合物类型，顺应市场对各类产品的需求。

## 自然油温

多数石油涌出地表时的温度介于 37℃ ~77℃ 之间，有些海滨石油的温度则低于 37℃。

### 石油勘探

最初人们是在石油自然涌出地表处挖掘油井，但这类显眼良机早已开挖殆尽。

由于石油蕴藏于富含有机物的沉积层，如今石油勘探多半从断层与盆地旁的沉积岩着手，孔隙度高的沉积岩尤其是理想目标，抽取石油较为容易。

发现蕴藏石油的沉积岩层以后，下一步骤为震测勘探（基本上是凭声波），了解地表底下的岩层状况，如果状况良好，则须决定是否冒险投入资金开挖采勘井，所花金额通常远超过勘探费。即使最终无法产油，也能获得宝贵信息，可凭岩层样本了解石油储藏的状况。

## 北极的石油

俄罗斯的石油储量尚未包括北极与页岩油，如果两者加进来，俄罗斯的石油储量应轻松突破 2000 亿桶，占全球总储量的 10% 以上。

北极资源所归何国确实带有争议，包括加拿大、美国、挪威甚至还有丹麦（通过格陵兰）都觊觎北极海底下的资源，争着想分一杯羹，但俄罗斯在 2014 年 3 月抢先一步。

经过 13 年的争论以后，联合国大陆礁层界限委员会在鄂霍次克海完成决议，允许俄罗斯享有鄂霍次克海一块约 5. 2 万平方千米区域的管辖权。普京想尽量多取得对北极的掌控。2014 年 4 月，他宣布“在北极建立军舰与新一代潜艇的联合海军基地”，以求保护俄罗斯的北极利益，并“强化联邦安全局的海军部门”。

在北极勘探与开采石油并非易事，但俄罗斯早已胸有成竹，伯朝拉海的普里拉兹洛姆内油田从 2014 年开始出产石油，40 座油井的储量达 5. 3 亿桶。

控制中心位于海滨一座堪称工程学奇迹的大型钻油平台——北极的第一座钻油平台。这座钻油平台能承受极地气候，具备抗风与冰载功能，采用抗盐蚀、抗低温与抗长期潮湿的特殊合金，本身重达 50 万吨（包括避免浮冰侵蚀的岩道），完全盖在海床上，依靠高强度变流装置抵挡海浪与浮冰。

普里拉兹洛姆内的油井也采取防止漏油的设计，所有井口位于平台内，平台基座位于井口与开放海域之间。

普京以开放态度跟西方合作。2009 年，听命于他的俄罗斯石油公司与艾克森美孚签约，联手勘探北极油田，这对艾克森美孚而言形同 180°大转弯，毕竟五年前普京逮捕霍多尔科夫斯基时，艾克森美孚可谓仓皇撤出俄罗斯（参见第二章）。尽管普京与奥巴马针对人权与史诺登（Edward Snowden）引渡问题严词交锋，但俄罗斯石油公司与艾克森美孚在 2011 年和 2013 年两度签订合作协议。

这两家公司决定在喀拉海（潜在石油储量达 360 亿桶）开采石油，花 3000 亿美元建造 15 座海上钻油平台，还计划在西伯利亚以压裂法开采页岩油，在黑海（储量为 86 亿桶）开采石油，并在俄罗斯远东地区建造液化天然气输出站。

俄罗斯石油公司在 2009 年与艾克森美孚签订另外一项合约，承揽艾克森美孚在美国、墨西哥湾与加拿大共计 30% 的开采作业。

俄罗斯的脚步不因政局动荡而怠慢。鲁科伊石油公司是另一家俄罗斯石油巨擘，它的中东分公司在伊拉克的西柯玛油田展开石油开采工作。鲁科伊石油公司拥有 75% 的西柯玛油田，石油储量为 140 亿桶，目标是往后 20 年每日生产 120 万桶。

## 欧洲市场

欧洲是俄罗斯最富裕的顾客。欧盟是高耗能的现代经济体，本身石油产量却很少。北海产油，但主要是挪威与英国的领土，此外可谓乏善可陈，而且北海的石油储量正在缩减。

如今俄罗斯生产许多可供出口的石油，又是欧洲的近邻（普京会说俄罗斯“就在欧洲”），许多欧盟国家相当依赖俄罗斯的石油供应。凭借油管从俄罗斯进口石油比从中东买油更经济实惠，也能避免受到中东动荡局势的影响。

芬兰与匈牙利的石油几乎全从俄罗斯进口，波兰超过 75%，瑞典、捷克与比利时约 50%，德国与荷兰超过 40%。

从 2002 年至 2010 年，俄罗斯在欧洲石油市场的占有率从 29% 提高到 34%，独联体国家对欧洲的石油出口量也呈增势，哈萨克斯坦的占有率从 2% 增加到 6%，阿塞拜疆从 1% 增加到 4%。

欧盟国家陷入对俄罗斯的能源依赖，也就容易受普京左右，尽管美国对俄罗斯在地缘政治扩张版图之举气得直跺脚，但欧洲不愿冒险违抗普京的意思，以免波及能源进口的稳定。普京的石油出口量越来越多，欧洲对其他国家的石油进口量逐渐减少，普京眼中“石油等于权力”的等式更加正确。从 2002 年至 2010 年，挪威在欧洲石油市场的占有率从 19% 缩减为 14%，沙特阿拉伯则从 10% 减少为 6%。

多数欧洲国家确实很想减少对俄罗斯的石油依赖，但他们能怎么做？其他选择根本不多：

- 在欧洲大陆以外的地方设法开采石油。
- 在自己国内开采石油。

只能如此。就第一个选项而言，如今大型油田很难找到，勘探起来花费不少，多数可能地点（例如北极）相当偏远，开采困难而且经济效益不明显。雪上加霜的是，欧洲得跟中国与印度竞争，这两个国家已联合起来投入石油竞赛，设法取得油田以确保长期供应无虞。

剩下第二个选项。问题在于，欧洲的传统油田很少，非传统石油只怕也不多，即使有的话，法国已禁止压裂采油，荷兰或许即将跟进，德国严格的环保规定也让压裂采气变得不可行，因此尽管欧洲正在增加非传统开采作业，相关钻油平台从 2009 年的 80 座增为今日的将近 140 座，但仍远远不足。

欧洲今后仍要跟普京周旋下去。

# 俄罗斯石油公司

普京那份石油大计的核心是俄罗斯的石油巨擘，也就是俄罗斯石油公司。

普京在2000年当上总统之际，俄罗斯石油公司还只是一个小角色，但他把这家公司像孩子般一手扶持长大成为巨型企业。他首先从小型投资人手中买下股份，接着指定这家公司代表俄罗斯政府投入开采计划，许多订单因此涌入。

俄罗斯石油公司在国内步上正轨，得以进军国外，首先在阿尔及利亚与哈萨克斯坦展开开采计划，产量在4年内增加50%，在2004年达到每日40万桶。不过这种产量仍无足轻重，俄罗斯石油公司一度成为俄罗斯天然气工业公司的收购对象。

普京迅速出手，证明他选上的公司绝对不容小觑，谁敢在太岁头上动土，当心吃不了兜着走。不过俄罗斯石油公司要靠自己成长为巨型企业太花时间，普京在2004年另找谢钦负责，两人联手把俄罗斯石油公司推上全球能源产业的巅峰。

谢钦是“圣彼得堡小子”的一员，是跟普京一起来到莫斯科的多年心腹，性格强悍，残酷无情，神秘莫测，外界认为他当年在非洲从事特工工作，也是苏联走私军火给拉美与中东的重要中介人。他有这种背景，又跟普京关系密切，是克里姆林宫决策圈的一位实质决策人。这个决策圈堪称某种小内阁，这些成员衷心信奉中央集权论，多半进入过国安会、情报部与联邦安全局，对谢钦相当忠诚，而这或许是普京看重谢钦的一大原因。

总之，谢钦10年来在政治上辅佐普京，在企业经营上更显特长，从2004年开始担任俄罗斯石油公司的执行长，替这家公司打造出如今我们所熟知的霸业。

2006年7月，谢钦让俄罗斯石油公司在伦敦首次“公开”上市。这里我用引号是因为只有1/4的股份开放给外部投资人认购，其余股份仍握在俄罗斯政府的手中，也就是由普京所掌控。此外，握有公开股份的投资人都立刻身价大涨，尽管无从证实，但外界普遍怀疑普京与谢钦也是身价暴涨的其中两员。

这些年来，俄罗斯石油公司多次并购小型竞争对手，接下来把矛头对准俄罗斯秋明英国石油公司。这是一家垂直整合公司，在 2012 年以前由英国石油公司与俄罗斯富豪所控制的秋明石油公司共同经营，当时是俄罗斯第二大石油公司，在全球则大约排在第十名。

俄罗斯秋明英国石油公司可谓一头梦寐以求的金牛，替大股东转进数十亿美元，却也是生意合伙的梦魇，各出资人争执不断。2008 年，在该公司人员争论经营方针之际，俄罗斯当局逮捕两位英国籍主管，执行长戴德立被迫逃离俄罗斯，而这只是众多合伙丑闻的其中一件。

其实 2011 年俄罗斯秋明英国石油公司即蒙上阴影，当时秋明石油公司其中一位亿万富豪辞去执行长职务，声称他们与英国石油公司的合作已上轨道。接下来各方纷纷猜测谁会出来接替他的位子，但如今来看答案其实显而易见：俄罗斯石油公司，或者也可以称为“普京石油公司”。俄罗斯石油公司给出的答案甚至好过外界的预期。

俄罗斯石油公司开出两个提议：第一，俄罗斯石油公司拿出总值 270 亿美元的现金和自家股票，买下英国石油公司所持有的那半数股份，英国石油公司则因此持有俄罗斯石油公司将近 20% 的股份。

为什么英国石油公司肯接受呢？原因在于，虽然管理阶层受够俄罗斯秋明英国石油公司内部的纷纷扰扰，但在俄罗斯终究获利颇丰，英国石油公司仍想参与俄罗斯的石油产业。俄罗斯石油公司开出的现金加股票条件十分诱人，英国石油公司能借此成为俄罗斯石油公司的大股东，这是从俄罗斯大量尚待开采的石油中获利的最佳方式，毕竟普京会确保俄罗斯石油公司优先得到最佳机会。

此外，英国石油公司的人员从此能与谢钦直接搭上线，而谢钦不只是俄罗斯石油公司的执行长，还是普京信任的心腹，能够影响俄罗斯的能源政策。要想在俄罗斯做生意，势必要结识克里姆林宫里的大人物，否则只会被一脚踢到路边。

普京明白他无法把俄罗斯所有的能源产业收归国有。开采石油并非易事，俄罗斯本身的石油与天然气相关技术不足，要靠英国石油公司才能如虎添翼。

普京明白沙特阿拉伯当年的惨痛教训。1980 年，沙特阿拉伯踢开外资，把石油产业国有化，结果原本全国石油日产量为 1000 万桶，却在短短 5 年内暴跌至日产量仅为 400 万桶。

因此，俄罗斯当局鼓励英国石油公司留在俄罗斯石油产业，从技术层面协助俄罗斯石油公司开采储藏惊人的非传统页岩油与页岩气。这样还有另一个好处：只要英国石油公司持有俄罗斯石油公司的大量股份，普京就能宣称俄罗斯石油公司并非听命于俄罗斯政府。

俄罗斯石油公司还开出第二个提议，那就是以 280 亿美元买下秋明石油公司所持有的另一半股份。秋明石油公司的那群寡头大亨自然愿意卖掉公司，而非与俄罗斯石油公司合伙，毕竟他们看过霍多尔科夫斯基与尤科斯石油公司的下场，明白要是想与俄罗斯石油公司对等合作，只怕会步其后尘，所以何必冒险？最好是赶快拿钱走人。最后这成为石油产业在 1999 年艾克森买下美孚以来牵涉金额最大的交易，俄罗斯石油公司跃居成为全球数一数二的公开上市石油公司。

俄罗斯石油公司在俄罗斯的扩张速度相当惊人。1998 年，俄罗斯石油公司仅占俄罗斯总石油产量的 4%，身为龙头老大的鲁科伊石油公司占 17%，其余小型公司贡献剩下的产量。15 年以后，鲁科伊石油公司仍占有 16%，但俄罗斯石油公司一路吞并多数小公司，占全国石油总产量的比例攀升至 43%。

俄罗斯石油公司在全球的重要地位怎么说都不为过，单单一家公司即超过中国的石油总产量，还是尼日利亚石油总产量的两倍。

俄罗斯石油公司是普京青睐的国有企业，集资十分容易，而且归类进“大到不能倒”的企业，有办法靠收购国内外公司持续扩张规模，靠俄罗斯各地与北极的油田迅速成长。

俄罗斯石油公司有公开上市公司的完善制度，有强大政府的鼎力支持，有广大未开采的油田以应付庞大的产量需求，而且口袋厚实，有能耐在全球各地大肆买下相关资产。

这是普京巩固权力大计的完美基石。只要有俄罗斯石油公司，俄罗斯就有空间影响石油的供应量与石油的价格，普京得以让能源需求国听话，逼迫欧洲接受长期而高价的合约以确保能源稳定供应（见图 7.2）。

此外，由于俄罗斯石油公司具备强大的收购能力，普京能扩大俄罗斯的影响力，左右那些本身蕴藏石油但目前仍依赖俄罗斯供油的国家。当俄罗斯石油公司买下这些国家的油田与天然气田以后，俄罗斯能主宰当地的发展状况，决定其应出产或进口石油。

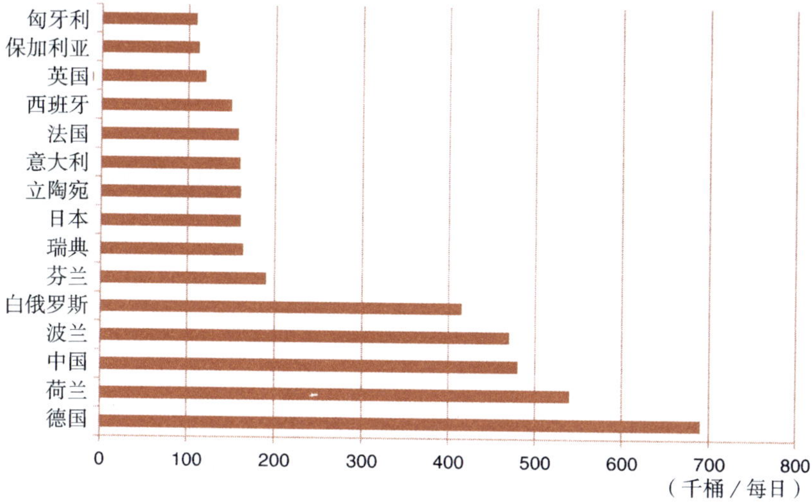


图 7.2　2012 年俄罗斯原油与超轻原油的主要出口对象

## 朝石油输出国组织招手

除此之外，我们还能预判接下来可能的局势发展：俄罗斯将与石油输出国组织合作？这会是美国与欧洲最恐怖的梦魇。如果俄罗斯与石油输出国组织结盟，将掌握全球 56% 的石油生产量与多数闲置产能，这种超级石油输出国组织得以自行决定石油价格，全球各国只能唯命是从——至少几年内如此。超级石油输出国组织的领头人对任何议题有何要求，别国很难多吭一声。

如同先前所述，欧洲对俄罗斯石油的依赖程度已日渐加深。

美国的处境较好，国内石油产量数年内在全球居冠，石油进口量逐步降低，在 2005 年有 60% 的石油消耗依赖进口，到 2013 年则只剩 32%，增长幅度十分惊人。不过，大约 1/6 的石油仍是从俄罗斯与石油输出国组织进口。

石油输出国组织会与俄罗斯结盟吗？很有可能。其成员国许多元首多年来对俄罗斯表达善意，俄罗斯代表时常出席石油输出国组织会议，有时也承诺参与其石油减产计划。然而，俄罗斯先前有过多次食言的不良记录，有好几次试图破坏石油输出国组织的定价。

目前普京并未表达与石油输出国组织结盟的兴趣。但放弃对国内资源的定价权力不符合他的作风。

他不认为高油价必然是好事。他担心过高的油价反而会拉高俄罗斯国内的能源开支，对经济适得其反。

俄罗斯石油公司执行长谢钦在接受《华尔街日报》访问时谈过这个主题："俄罗斯加入石油输出国组织是不负责任之举，因为我们无法直接管理我们国内的各个公司。"他表示俄罗斯的石油公司几乎都是民营，不像石油输出国组织的石油公司多属国有。

可是话永远无法说死。普京被问到这个问题时曾淡淡表示："俄罗斯不会加入石油输出国组织。"但他补上一句："我们与他们合作得很愉快。"他并未解释俄罗斯与石油输出国组织的合作将来会怎样。

梅德韦杰夫在担任俄罗斯总统时做出进一步表示。2008 年全球经济与油价下挫时，他表示：

> 我们正在准备加入石油输出国组织。我们必须保护自己，毕竟石油与天然气是我们的获利基础。这类防御措施包括减少石油产量、参与现有的石油组织，还有参与新兴的石油组织——如果事先谈得拢的话。
>
> 我认为任何选项都不能排除。我要再说一遍：这关乎我们国家

的获益基础，关乎我们国家的发展建设，我们不能被任何抽象标准牵着鼻子走，也不能被其他国家和各个组织的意见左右，诸如此类。这关乎我国的利益，只要合适就该做。

## 油管

同一时间，普京已迅速着手改善油品出口的相关基础建设。他握有大权以后，一眼就看见了许多进步空间，立刻下决心改进油管系统与油港。

2010 年上半年开始运作的东西伯利亚太平洋油管是一大成果。第一阶段完工后，这条油管每天能输送 60 万桶原油，连接西伯利亚东部油田与邻近中国边界的斯科沃罗季诺市，再依照与中国石油集团签订的 20 年合约，从那里用另一条油管每天把 30 万桶原油输送到中国。另外 30 万桶原油靠铁路运送到临太平洋的济米诺港，在现货市场售卖。

东西伯利亚太平洋油管的第二阶段目标是把日吞吐量提升至 100 万桶，并延伸至济米诺港，省下铁路运输那一段。第二阶段工程在 2012 年完成，比预定进度提早两年。如今俄罗斯依靠东西伯利亚太平洋油管直接输油至亚洲，在成长中的中国市场享有巨大影响力，而中国市场是普京整体策略的一大关键。这类油管无疑将持续兴建，如果艾克森美孚与俄罗斯石油公司成功挖出俄罗斯在北极海的大量石油，兴建工程更会如火如荼地进行。

在某次因石油运输引起纷争以后，普京另外建了一座石油出口港。乌克兰也许以油管纷争著称，但不是唯一的特例。

这一次跟莫斯科当局起纷争的是白俄罗斯，争议点是德鲁兹巴油管。该油管是全球最长的油管，每天让 100 万桶石油通过白俄罗斯，输送给波兰、德国、捷克、斯洛伐克与匈牙利的炼油厂。然而，白俄罗斯突然想多分一些利润。

普京的回应是兴建乌斯特鲁戈港。乌斯特鲁戈港在 2012 年 3 月竣工启用，位于俄罗斯靠波罗的海的海岸，临芬兰湾，衔接波罗的海油管系统，油源来自北边的蒂曼伯朝拉油田与西伯利亚西部盆地。如今俄罗斯不必全靠德鲁兹巴油管把北方的石油经过白俄罗斯往南送，另一个选择是直接用油轮走海路运输。

乌斯特鲁戈港还有另一个好处，那就是有助普京把质量突出的乌拉尔原油推广为国际标准。乌斯特鲁戈港建成以后，乌拉尔原油获得良好的出口管道，外界不必担心乌拉尔原油的供应突然中断，信心随之增加。为了进一步拉抬乌拉尔原油价格，俄罗斯相中繁忙的鹿特丹港，斥资十亿美元在港口旁边专门为乌拉尔原油兴建储油槽与输油站。

管线议题还有许多要讲，下一章谈到的输气管尤其重要，这些在近年是影响地缘政治的关键。

此处的重点在于普京再次展现对能源议题的了解，而且别具巧思，和平解决冲突，把摩擦转为对俄罗斯有利。

# 第八章 天然气的普京化

石油是所有现代经济体必需的燃料，但不是俄罗斯或邻国唯一的关注重点。如果俄罗斯想一如普京计划般地主宰全球能源供应，光凭掌握石油还不够。

石油以外，还有一个肉眼看不见的能源：天然气。

过去20多年，西伯利亚每日生产500亿立方英尺的天然气。2014年，产量逼近每日600亿立方英尺，按照目前欧洲的价格计算，一年可替俄罗斯赚进超过1000亿美元的外汇。

俄罗斯的低价天然气是当年让苏联不致解体的一大利器，如今欧洲大部分国家与苏联成员国都靠俄罗斯供应天然气。贩卖天然气当然能替俄罗斯赚进钞票，但普京看重的是政治操作方面的效用，想让俄罗斯成为消费国无法割舍的能源供应者。

欧盟整体所需的天然气有1/3是由俄罗斯供应，许多国家甚至靠俄罗斯满足半数以上的天然气需求，例如波兰、芬兰、罗马尼亚、保加利亚与塞尔维亚等国。

俄罗斯未来能达到的供应量远比目前更惊人。俄罗斯的天然气储量高达1600兆立方英尺，约为全球已知总储量的1/4，是俄罗斯过去20年生产总量的5倍，而且这个储量数字尚不包括非传统天然气，否则俄罗斯也许共计坐拥全球1/3的天然气（见图8.1）。

运输设施建设是天然气市场的成败关键。石油能靠卡车或火车运载，天然气则不然，只能靠专用的精密设施输送。

两大建设策略正让俄罗斯逐渐主宰欧亚大陆的天然气市场。第一，兴建绕过不可靠国家的输气管，确保俄罗斯能把天然气输送到欧洲与亚

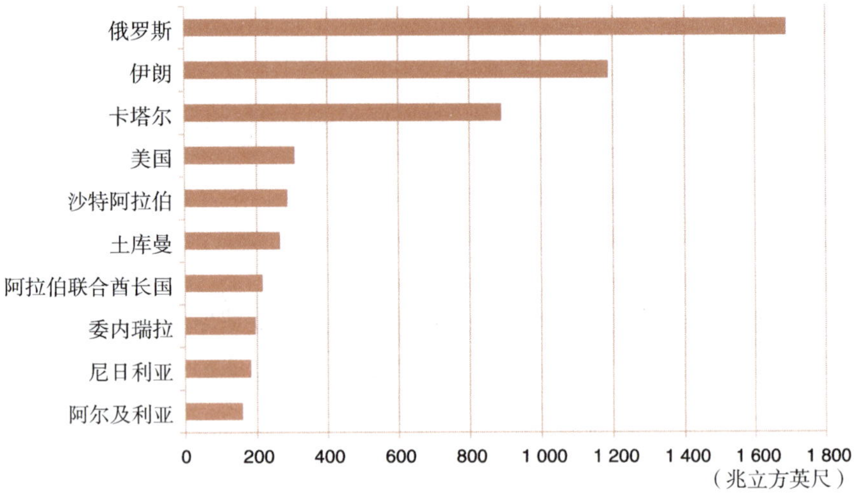


图 8.1　已知天然气储量排行榜

洲的国家。第二，在太平洋与北海岸边兴建液化天然气厂，再把液化天然气运往输气管到不了的地区。

苏联留给普京的输气管系统庞大而繁杂，许多关键管线通过的国家都想多收运输费，要是俄罗斯说“不行”，有些国家就扣取部分天然气，这令俄罗斯头疼不已。

此外，输气管集中在俄罗斯西部，便于输送天然气给欧洲的国家，却无法满足亚洲的买主。

## 看不见的计算单位

英热单位（British thermal unit）的缩写是“Btu”。

百万英热单位的缩写是“MMBtu”，等同 1000 立方英尺天然气所蕴藏的热量。

基于产业惯常用法，天然气储量通常是以华氏 60 度（其余地方的华氏都已换算为摄氏，但此处数字较精准且在单位定义里，换算为摄氏亦非整数，故保留华氏；后面的气压更复杂，所以改成中文读者较容易接受的简明表示法），而且用 1 个标准大气压（海平面的平均气压）下有多少立方英尺来表示。常见缩写如下：

Mcf：千立方英尺

MMcf：百万立方英尺

Bcf：十亿立方英尺

Tcf：兆立方英尺

1000立方英尺的天然气足够一户普通家庭进行加热与烹煮等日常用途3～4天。

天然气的主要成分是甲烷，但各个产区的成分组成有所差异，每立方英尺产生的热量也不同，因此天然气的计价单位通常不是立方英尺，而是英热单位。

每立方英尺的天然气能产生约1000英热单位的热量，这主要取决于产区与加工方式。每兆立方英尺的天然气能产生千兆英热单位（quad）的热量。

一桶原油产生的热量大约等于580万立方英尺的天然气。

## 更好的输气管

普京已把输气管系统打造得更大而且更好。

有些新输气管通往欧洲，但避开爱找麻烦的国家，这与旧管不同。其他新输气管通往东方，直接连接各个蓬勃发展并且渴求能源的亚洲市场，还连接俄罗斯现有或计划兴建的液化天然气厂。

许多年来，俄罗斯主要是靠一条经过乌克兰的输气管把天然气输往欧洲。那条输气管长1500千米，根据最初的协议条件，乌克兰能收取部分合理费用，此外还有另一个甜头，那就是能以较低价格购买天然气。

许多国家能好好维持这种皆大欢喜的双赢协议，但俄罗斯与乌克兰则不然。双方关系迅速弄僵，俄罗斯提高天然气售价，乌克兰则不再付款，开始随心所欲地暗自窃取天然气，于是俄罗斯要求乌克兰交出部分输气管的所有权用于支付欠款。

双方僵持不下，结果俄罗斯分别在 2006 年 1 月、2008 年 3 月与 2009 年 1 月出手，减少甚至切断乌克兰境内管线的天然气供应，每次都让乌克兰与其他 18 个欧洲国家在严酷寒冬中苦不堪言。

普京厌倦于与乌克兰这个抱有敌意的国家继续周旋。他耗费一番时间，逐步拿出替代方案，设法避开乌克兰。

2012 年，俄罗斯天然气工业公司把乌克兰那条管线的输气量骤然减少一半，借此强烈警告基辅当局。俄罗斯天然气工业公司发言人古比恩洛夫（Sergei Kupriyanov）表示："我们正在减少对乌克兰那条管线的依赖程度，转为把更多天然气导引到白俄罗斯天然气公司与新的海底出口管线，这个工程很漫长，但我们已开始起步。"

白俄罗斯天然气公司拥有一条经过白俄罗斯境内的输气管，一端连接西伯利亚西北部的天然气田，一端通往西欧，但俄罗斯在 2013 年以 25 亿美元向白俄罗斯政府买下白俄罗斯天然气公司，从而掌握这条输气管（白俄罗斯政府当时面临破产，向国际货币基金组织借钱解困但遭到拒绝）。俄罗斯还借 100 亿美元给白俄罗斯政府兴建核电厂，开给白俄罗斯的天然气价格甚至不到欧洲标准价格的一半。

普京以依赖白俄罗斯代替依赖乌克兰，这样比较划算，毕竟白俄罗斯不太爱找麻烦，不像乌克兰跟俄罗斯有剪不断理还乱的历史原因。白俄罗斯甚至跟俄罗斯有些唇齿相依，还是欧亚经济联盟的成员国，与俄罗斯堪称伙伴关系，这如同第六章所述。

俄罗斯天然气工业公司发言人古比恩洛夫口中的海底管线是指北方输气管，这条输气管把天然气从俄罗斯输往德国，其中一段经过波罗的海海底，长度为 1214 千米，是全球最长的海底输气管，造价达 200 亿美元，在 2012 年开始全面运作，每年替俄罗斯输送将近 1 兆立方英尺的天然气给欧洲国家。

北方输气管完工，白俄罗斯天然气公司由俄罗斯买下，普京可谓达成目标，确保两条从俄罗斯向欧洲输送天然气的安全可靠路线。接下来亚洲方面也要持续努力。兴建输气管与液化天然气港让俄罗斯得以满足对能源需求激增的亚洲诸国，最终让这些国家对俄罗斯产生依赖。

为达此目标，俄罗斯准备兴建阿尔泰输气管，把天然气从西伯利亚西部输送到俄罗斯的远东地区与中国，但这个计划长年搁置，原因在于中俄两国对细节条件僵持不下，但最终在 2014 年达成一项重大协议（之后会细说）。如今这个计划正在全速赶工，等完工后就能把天然气从俄罗斯输往中国，也让金钱从中国流向俄罗斯。

阿尔泰输气管会连接普京在 2011 年提出的“库页岛—伯力—符拉迪沃斯托克输气管”（Sakhalin – Khabarovsk – Vladivostok gas pipeline），还可能穿过朝鲜境内向韩国供气。虽然朝鲜半岛管线只是在构想阶段，但朝鲜似乎乐见其成，尤其建成后每年还能收取 1 亿美元的运输费。

## 液化天然气

接着来谈低温点的东西：液化天然气。

全球天然气市场高速发展，这如同液化天然气离开低温环境时的情景。液化天然气产业能蓬勃发展有不少原因：第一，天然气比石油环保，更远比煤炭环保，因此日渐获得青睐；第二，过去十年发现大量天然气；第三，科技日新月异，把天然气转为液化天然气的成本下降，运送到消费者手上的花费也下降。

液化天然气问世已久。第一份相关专利是在 1914 年提出申请的，三年后出现商业运用。制造液化天然气的步骤为：把冒出地表的天然气净化到甲烷纯度超过 90%；把温度降低到 –165℃，纯化了的天然气开始冷凝为液态，体积仅为气态时的 1/600；然后进行下一步——就今日而言，就是以油轮运往输气管到不了的市场。

把大量天然气液化的过程堪称危险，而且相当耗能，所耗能量约等于天然气本身的 35% ~50%。兴建安全有效率的液化天然气厂十分花钱，例如美国路易斯安那州一间液化天然气厂的建造费用就接近 100 亿美元。液化天然气厂不是小公司玩得起的。

储藏液化天然气要靠低温储藏槽，同样造价高昂，因此多数液化天然气不会长期储存，多半赶快用油轮运出港口，等靠岸以后，让工厂加热重新气化，再用输气管输送给顾客。

液化天然气在1914年只是一个了不起的点子，如今却是迅速发展的产业，原因在于21世纪初出现相关新技术，从此液化天然气厂的兴建成本降低，用来重新气化的输气厂及专门运载的油轮也变得较便宜。

1990年，全球液化天然气的年产量为5000万吨。2013年，产量增加5倍。即便产量如此激增，这个产业仍未成熟，目前只有19个国家在出口液化天然气，只有17个国家有重新气化的厂房设备。日本目前是最大的进口国，在福岛核灾重创核能产业以后更是如此。2013年，日本进口8800万吨的液化天然气，等于全球产量的1/3。韩国则是第二大进口国。

普京目睹俄罗斯在这个成长性产业中所扮演的角色，尤其眼看有些亚洲地区需要大量天然气，但依靠输气管又不符合经济效益。为了加快发展脚步，普京推出减税优惠，欢迎国内外投资者加入液化天然气的生产开发行列。

在库页岛二期计划下，一间液化天然气厂已开始营运，每年生产1000万吨的液化天然气，卖给中国、日本与韩国。普京准备在2020年以前让年产量再增加6000万吨，首先要在海滨边疆区与圣彼得堡持续兴建液化天然气厂。

## 施托克曼巨型天然气田

俄罗斯遥远的北边有一座储量极大的施托克曼油田，75%由俄罗斯天然气工业公司所有，25%由法国的道达尔石油公司所有，据估计总储量为137兆立方英尺，在全球数一数二。

这些天然气计划依靠600千米的海底输气管送至摩尔曼斯克南边，再衔接北方输气管，部分送往摩尔曼斯克东北方约100千米处的特里巴卡村，由该村计划兴建的液化天然气厂加工处理。

开发施托克曼天然气田是一大挑战。原先挪威国家石油公司拥有24%的区域，却在2012年打退堂鼓，整块区域交还俄罗斯天然气工业公司。施托克曼天然气田离陆地达550千米，位于巴伦支海底下，周遭环境天寒地冻，严酷多风，开采费用高达400亿美元。目前开采进度仍无进展，未来恐怕继续如此，除非欧洲每百万英热单位的天然气价格超过12美元才可能盈利。

## 欧洲买主

你也许会说，欧洲对俄罗斯天然气的依赖程度不是逐渐下降吗？

如果只看总量确实如此。欧洲在2002年有45%的天然气是从俄罗斯进口，如今则下滑至30%左右，这段落差主要由新兴天然气供应国如卡塔尔、利比亚和尼日利亚来填补。

进口比例下滑的另一个原因是英国、荷兰与意大利新建液化天然气设备，欧洲各国购买天然气的对象增加。然而，宏观数据无法呈现全貌。只有具备重新气化设备的国家能购买液化天然气，但建厂得花一大笔钱，还要搭配合适港口，因此这类国家的数目有限。

无法利用液化天然气的国家几乎只能依赖输气管，也就是依赖俄罗斯。芬兰与斯洛伐克的天然气100%是从俄罗斯进口，波兰与捷克为90%，连德国也达40%。这些国家对俄罗斯天然气的依赖程度在这个世纪以来几乎毫无改变。

## 俄罗斯天然气工业公司

哪家公司负责供应天然气给欧洲呢？答案是俄罗斯天然气工业公司，这家公司形同天然气产业里的俄罗斯石油公司（见图8.2）。俄罗斯靠这两家公司主宰欧洲的石油与天然气供应。

俄罗斯天然气工业公司跟俄罗斯石油公司一样，在叶利钦时代初期只是默默无闻的小角色，随后在20世纪90年代国有企业私有化方兴未艾之际被寡头大亨吞并，但经普京出手保护，最终浴火重生并成为国际大企业。

我们可以从俄罗斯天然气工业公司的历史对普京有更多的了解。

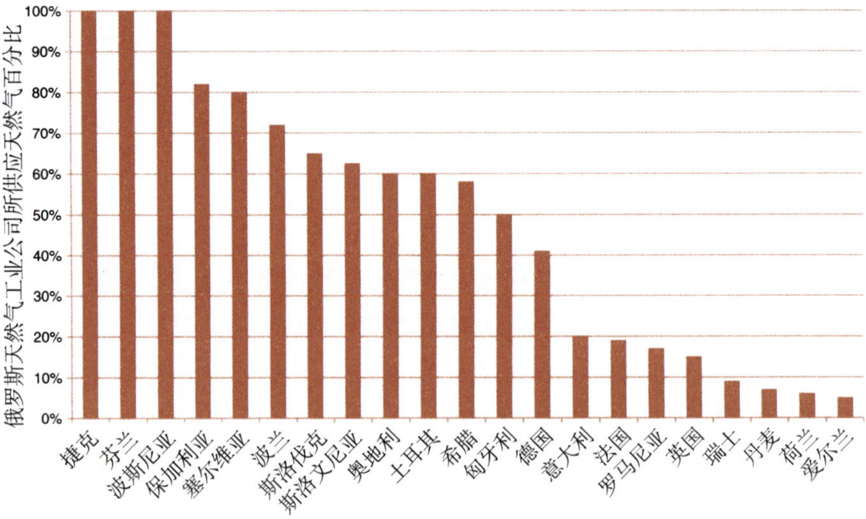


图 8.2　对俄罗斯天然气工业公司所供应天然气的消耗量百分比

当苏联的天然气产业局在 1989 年改组之际，俄罗斯天然气工业公司诞生，但国有状态只维持很短一段时间。苏联在 1991 年解体后，俄罗斯政府要求俄罗斯天然气工业公司进行私有化。

俄罗斯天然气工业公司继承先前中央管控制度下的整个天然气产业，在 1993 年一鸣惊人，与雪佛龙、英国石油公司、艾克森美孚、皇家荷兰壳牌集团在俄罗斯的天然气产量相比，其产量高出一倍，似乎已是一家举足轻重的大公司。

然而事实却非如此，俄罗斯天然气工业公司正深陷泥潭。

俄罗斯天然气工业公司很难跟状况拮据的客户收款，这类公司大多是苏联时代的公共事业公司，难以适应新的市场竞争。作为弥补，俄罗斯天然气工业公司让许多公司采取以货代款的支付方式，可惜这样只能帮员工换来免费服装或旅游机会，无从应付诸如改变现状与扩张规模等真正的需求。

雪上加霜的是，许多苏联加盟国家（尤其是乌克兰）无法支付天然气进口费，甚至根本拒绝支付。情况十分糟糕，尽管俄罗斯天然气工业公司在1994年的天然气产量远远超过艾克森美孚，却只收到1/8的款项。

1996年，俄罗斯天然气工业公司加入美国存托凭证（美国存托凭证，American Depositary Receipt，简称ADR，是由美国发放给存托凭证外国公司，让该公司能在美国证券市场交易）。在美国证券市场公开交易，借此从各国投资者手中借得25亿美元资金，从而得以稍微喘息，可以与外国公司洽谈许多能赚钱的合作计划。1998年，俄罗斯爆发金融危机，但俄罗斯天然气工业公司熬了过去，甚至在该年还小幅增加了天然气产量。

然而，俄罗斯天然气工业公司接下来差点毁在自己手里——公司内部管理出现问题。俄罗斯天然气工业公司长年采取避税做法，有时候总理切尔诺梅尔金（Viktor Chernomyrdin）也出手相助。切尔诺梅尔金由叶利钦任命，是俄罗斯史上在位时间最长的总理，当叶利钦在1998年把他免职以后，他回头担任原本的职位，那就是俄罗斯天然气工业公司的总裁。他开始大肆抛售公司资产，董事会成员也跟着把大小资产分给自己与亲戚。

比方说，俄罗斯天然气工业公司有一次做法尤其夸张，竟然把子公司波兹天然气公司32%的股票贱价出售，市价为4亿美元，但卖价仅1200美元（没错，确实只卖1200美元）。俄罗斯天然气工业公司只以低廉利率贷款8.5亿美元给看中的第三方，却以正常市场利率对外借款。1997年到2000年之间，俄罗斯天然气工业公司共计“卖掉”价值将近60亿美元的资产，仅换得3.25亿美元。在这之后，产量仅剩少许。

接下来，普京出手了。

俄罗斯天然气工业公司的命运几乎立刻逆转。这如同插手石油产业时那样，普京马上对叶利钦时代的寡头大亨出招，铲除他们的势力。切尔诺梅尔金在2000年6月中箭落马，也就是在普京获选为总统的12周以后。接替切尔诺梅尔金的是梅德韦杰夫，他是圣彼得堡小子的一员，日后接替普京担任总统。

2000 年 7 月，普京撤掉原本的执行长亚克瑞夫（Rem Vyahkirev），改为任命默默无闻但同属心腹的米勒（Alexei Miller）。在梅德韦杰夫与米勒的带领下，杜绝了贱卖公司资产的事情，俄罗斯天然气工业公司开始重整旗鼓，例如他们把某家竞争公司踢出输气管系统，迫使对方让出西伯利亚天然气公司 51% 的股份，以低于市场的价格卖回给他们。

俄罗斯天然气工业公司缓缓东山再起，要在外国募资也就更为容易了。俄罗斯天然气工业公司还成立俄罗斯天然气工业银行，直接切入国内金融业，如今这家银行已是俄罗斯第三大银行，至于董事长还是米勒。随着财务状况日渐好转，俄罗斯天然气工业公司能收购更多资源，更新旧设备，增添新设备。2005 年，政府持股超过 50%。

近年来，俄罗斯天然气工业公司开始面临更多竞争，有些是来自国内较小的公司，有些是来自签约合作生产的外国公司，但俄罗斯天然气工业公司仍持续并购竞争对手，并在北极展开勘探作业，而北极的天然气储量也许有数十兆立方英尺，甚至高达数百兆立方英尺。

接着页岩气浮出水面。开采页岩气原本并不划算，现在凭水平压裂井开采就能创造经济效益。这类非传统开采法让北达科他州等页岩气盛产地区经济起飞，美国凭页岩气从天然气净进口国转为净出口国。

俄罗斯也蕴藏大量页岩气，或至少可能如此。俄罗斯蕴藏大量有待以传统方式开采的石油与天然气，很少花心思评估西伯利亚的巴热诺夫页岩区有多少页岩气储量（这块区域的面积等同德州加上墨西哥湾）。根据最近的一项粗略评估，这块区域可开采天然气达 285 兆立方英尺，外加 3.5 亿桶原油。

俄罗斯天然气工业公司几乎对此议题不置一词，甚至负面看待页岩气的经济效益，外界不禁批评他们在非传统开采风潮中落居人后。

也许俄罗斯天然气工业公司正偷偷在这场页岩气竞赛中拔得头筹。我认为他们那些贬低页岩气的说法只是讲给大众听的，还想让欧洲打消开采页岩气的念头，至于自己则暗中把握机会。俄罗斯天然气工业公司的管理与技术团队绝非愚昧昏庸之辈，他们懂得靠欺瞒达到目的。

此外，俄罗斯天然气工业公司也依靠南方输气管扩张输气系统。

南方输气管的构想始于2007年，此构想是顺应欧盟的纳布科输气管。纳布科输气管的兴建计划在2002年提出，计划从阿塞拜疆一路把天然气输往奥地利，目标是减少欧洲对俄罗斯天然气与输气管的依赖程度，但这个计划在2013年因政治与经济因素遭到放弃。

但类似计划仍可能出现。跨安纳多利亚输气管由阿塞拜疆与土耳其出资，横跨土耳其全境，计划在2019年完工，到终点再接另一条尚在计划中的跨亚得里亚海输气管，那条管线会穿过希腊与阿尔巴尼亚，贯穿亚得里亚海，衔接意大利南部。

跨安纳多利亚输气管与跨亚得里亚海输气管完工以后，欧洲对俄罗斯天然气的依赖程度得以降低，但这两条输气管的年吞吐量不过5700亿立方英尺，仅为纳布科输气管的1/3，只有南方输气管的25%，更只占欧洲总消耗量的1%。此外，纳布科输气管是由欧洲各国合作，跨安纳多利亚输气管与跨亚得里亚海输气管则还要看土耳其与阿塞拜疆的脸色。

南方输气管正在兴建当中，计划穿过黑海与保加利亚，启用时间定在2018年，总花费超过230亿美元。一旦完工，这条输气管将立刻扮演举足轻重的角色，年吞吐量达到2.3兆立方英尺，占欧洲总消耗量的6%以上，而且能避开乌克兰。此外，俄罗斯打算在2028年前把吞吐量提高一倍。

欧洲境内有这么多计划，俄罗斯又已是天然气出口大国，你也许认为普京对非洲的天然气田兴趣不大，但这样想就错了。

## 欧洲以外

过去10年以来，尤其是最近一段期间，俄罗斯在非洲暗中加大力度勘探天然气，足迹遍及尼日利亚、埃及、莫桑比克，尤以阿尔及利亚为最。

俄罗斯与阿尔及利亚的关系一直不错。阿尔及利亚在20世纪60年代脱离法国独立，最早予以承认的就是俄罗斯。“冷战”期间，阿尔及利亚与俄罗斯如胶似漆，双方之间的武器买卖始终频繁。2003 年到 2012 年，阿尔及利亚花 540 亿美元向外国购买国防武器，其中 90% 付给俄罗斯，占俄罗斯军火出口总额的 10%，名列俄罗斯的第三大客户，仅次于中国与印度。

2006 年，无论是否出于感谢还是其他原因，俄罗斯天然气工业公司成为第一个获邀投入阿尔及利亚石油产业的外国公司，合作协议的期限更是延长至 2039 年，双方将合作勘探与开发超过 30 处储气地带，范围遍及阿尔及利亚国土的 20%。

非洲这边现在是怎么一回事？

说来简单。非洲是欧盟的第三大天然气供应者，而俄罗斯到 2015 年的时候已掌控非洲将近 50% 的生产量，从而几乎掌握欧洲所需天然气的 40%。此外，包括意大利与西班牙等南欧国家原本并不依赖俄罗斯的输气管，而是靠北非供应大多数天然气，今后也将受俄罗斯左右。

普京依然深谋远虑。等非洲部署完成以后，几乎全欧洲都会开始依赖俄罗斯所掌控的天然气。俄罗斯在东，非洲在南，欧洲形同遭受两面夹攻，普京随时可以随心所欲加以“钳制”。

普京明白即使主宰欧洲，仍不足以主宰全球，毕竟欧洲经济江河日下，亚洲经济则蓬勃兴起。有鉴于此，俄罗斯天然气工业公司不仅设法增加对欧洲的影响力，也朝远东扩张。

那里的大礼当然是亟需能源的中国（见图 8.3）。由于中国的能源需求量甚大，因此俄罗斯成为最好的供应者。也许是因为中俄两国的关系复杂，或者是因为太多利益有待谈妥，双方要达成相关协议可谓困难重重。

一大症结点在于定价结构谈不拢，双方都必须确保往后 30 年不受市场上的不确定因素侵害利益，结果讨价还价了整整 11 年，才终于在 2014 年 5 月签下协议，以一套涉及石油及其产品的公式决定天然气价格。

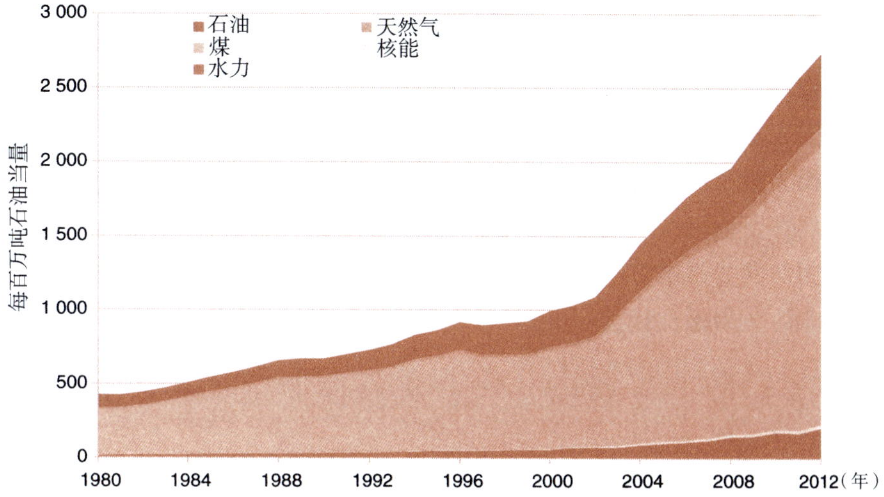


图 8.3　中国的能源消耗量

两国最终谈成协议的原因大概是想表示没必要再让美国插手国际大事。此外，中国想改善沿海城市因燃煤造成的空气污染问题，避免“空气末日”（airpocalypse）的到来，由燃油取代燃煤发电会有帮助。至于普京则想打开亚洲市场，毕竟亚洲各国是西伯利亚天然气田理所当然的消费者。这是欧亚大陆上的一场“婚礼”。

这个 30 年协议规模庞大。俄罗斯天然气工业公司每年将供应 1.3 兆立方英尺的天然气给中国石油集团，约为中国当前消耗量的 1/4，合约金额高达 4000 亿美元，天然气在 2019 年以前开始输入中国，大概会从 2018 年开始。

根据普京的说法，为了达成协议内容，俄罗斯会投资 550 亿美元，中国则投资 200 亿美元，双方要兴建计划已久的输气管，让中国东北连接上俄罗斯一条从西伯利亚西部通往符拉迪沃斯托克港的管线系统，建立天然气运输中心，进而有助于俄罗斯出口天然气至日本与韩国。

“这是全球在接下来 4 年内最大的工程计划，这样说绝不夸张。”普京说。

莫斯科欢欣庆祝。俄罗斯上议院外交委员会主席马格洛夫（Mikhail

Margelov）表示，普京这次的出访形同“让两国的战略合作关系迈出一大步。”

俄罗斯下议院国际事务委员会主席普什科夫（Alexei Pushkov）针对美国表示：“这个与中国的30年协议在战略层面十分重要。奥巴马该放弃孤立俄罗斯的方针。”

然而，他们统统没说出这个协议最重要的一面：双方的天然气交易是采用何种货币结算？如果是用卢布与人民币结算，这等同于朝美元在能源业的主宰地位猛力一击。

这一点稍后再深入探讨。

# 第九章　铀矿的普京化

2011 年 3 月 11 日，自然灾害来袭。日本本州岛东北方约 64 千米的近海发生 9.0 级的大地震，让整座本州岛往东位移 2.4 米，整个地球的地轴偏移超过 10 厘米，其引起的海啸高达 40 米，最远冲进内陆 10 千米处，数十万民众仓皇逃难，确认死亡人数将近 16000 名，2500 人至今下落不明。

福岛第一核电厂冷却系统的发电机组遭海啸侵袭而停止运作，导致冷却系统停摆，核反应堆核心熔毁。根据国际核能事件分级表，本次事故属于最严重的第七级核灾，同属此级的只有切尔诺贝利核灾。

图 9.1　原料铀现货价格

福岛核灾的核外泄得花数十年才能彻底清除。在福岛核灾爆发以后，核能发电所需的原料铀（即“黄饼”）受到打击，现货价格下跌超过60%，跌至每磅28美元（见图9.1）。各个铀供货商的股价也暴跌60%～85%。日本全面关闭其余52座核反应堆进行安全评估。韩国随后也关闭23座核反应堆，但如今已多数恢复运作。

福岛核灾引发了世界各地的反核声浪，抗议民众认为这次地震让全球认识到核能是一个糟糕的点子。德国宣布在2022年以前全面永久关闭现有的17座核反应堆，其他国家似乎也随之关闭核电厂，甚至所有国家都可能跟进。

不过，只怕没那么快。

事实上，没有国家响应德国的做法。如今十几个国家里至少71座核电厂正在兴建，163座正在规划中，329座已获提案。许多原先没有核电厂的国家很快会建造第一座核反应堆，这类国家包括土耳其、哈萨克斯坦、印度尼西亚、越南、埃及、沙特阿拉伯，还有波斯湾旁的许多酋长国。

虽然许多拥有核电厂的国家宣布暂停电厂运作并重新评估安全措施，但几乎都不打算就此放弃核电。铀仍是唯一能产生巨大电力并符合经济效益的燃料，而且核能发电不会排放温室气体与其他讨厌的碳氢化合物。

美国从1977年以来不曾新建任何新核电厂，却有6座核电厂预计在2020年以前开始运作，其中4座是在2007年以后取得营运执照的。美国是全球第一的核能大国，其发电量占全球的30%，65座核电厂内有100多座核反应堆，占总发电比例的20%。

法国是最依赖核能的国家，核能占总发电比例的75%。中国各大城市的居民饱受火力发电造成的空气污染威胁，如今中国政府正如火如荼地兴建核电厂，目前有17座核反应堆正在运行，29座正在兴建，核能发电量预计在2020年以前提升4倍。印度现有20座核电厂，另有7座正在兴建。许多非洲国家高达90%以上的人口没有电力可用，所以政府已开始考虑核电。

新建的核电厂或许会比较安全，尤其是在福岛核灾暴露出旧设计的缺点之后。

## 长期短缺

德国也许可以废除核电厂（其碳排放正在增加），但其他正在或即将使用核电的国家却没办法，原因在于没有替代方案。此外，全球经济正在扩张，对化石燃料的排斥也与日俱增，因此对铀的需求量随之上升。任何掌控铀产业的国家会获得经济利益与政治利益。

根据世界核能协会的估计，全球的铀需求量从2010年到2020年会增长33%，之后10年的增加幅度也不相上下。2011年，全球消耗1.6亿磅的原料铀。等到2024年，年消耗量会增为2亿磅——前提是供应量要有这么多。

事实上，供应量正在紧缩。2012年，全球的消耗量比供应量高25%，供需相差4000万磅，以目前的长期均价计算约为18亿美元。等到2020年，短缺量可能达到5500万磅。铀矿既稀少又分散，20个国家仅各有一处铀矿，全球半数产量来自6个国家的10处铀矿（欧盟的供应源见图9.2）。

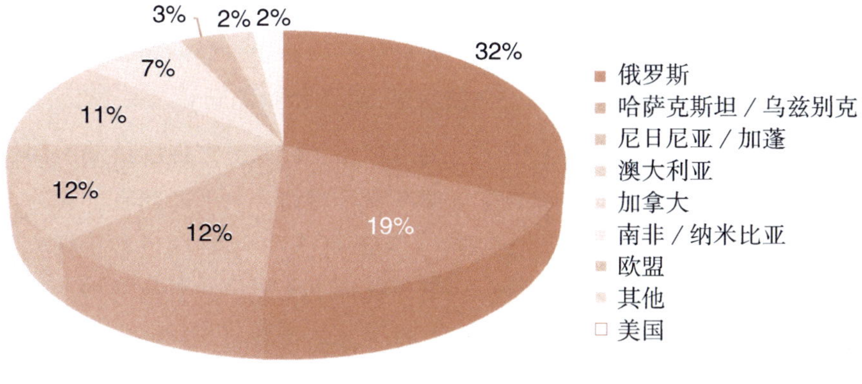


图9.2　2010年欧盟27个成员国的原料铀供应源占比

美国的 100 多座核反应堆每年耗用 4300 万磅原料铀来发电，但国内铀矿的产量仅 400 万磅，或者说仅占所需的 9%。

另外也可以这样看：美国单个核电厂从现在到 2021 年的原料铀消耗量约为 2.75 亿磅，但全国总储量仅 1.2 亿磅。

从长远来看，增加铀矿是唯一之道，但开采新铀矿比开采任何其他天然资源更难。开采新铀矿涉及技术难题，须符合环境与安全要求，而且开采执照申请困难，因此从投入到产出最少要花 10 年时间。新铀矿赶不上消耗量的增长速度，而且全球已经是消耗量多于供应量，甚至过去 20 年来都是如此。

如果过去 10 年提出的新铀矿开采计划均经过审核并按进度完工，供应量也许追得上消耗量，但目前铀价过低，没有公司想开发新铀矿，即使铀价会上涨，也得面临开采许可延误的风险。申请铀矿开采执照可不像普通的办证，排队 1 小时就能办妥，而是要花数年排许多次队，等待相关管理部门什么时候鼓起勇气来面对核能这只怪物。

铀即将面临短缺，普京正摩拳擦掌准备借此大赚一笔，并趁机左右地缘政治。掌握铀资源也是普京心头大计的一环，下面我们加以分析。

## 科学教室

铀燃料循环始于铀矿的开采，然后凭化学方式萃取铀氧化物（主要为八氧化三铀，干燥产物称为“黄饼”，颜色可想而知）。

黄饼里的铀原子超过 99% 都是铀 238，一种放射性强度极低的同位素，无法引起连锁反应，不具发电或军事等用途。剩下的铀原子（约占 0.7%）几乎全为铀 235（比铀 238 少 3 颗中子），这种同位素具有放射性，只要几磅就能引起连锁反应。当一颗铀 235 原子产生核分裂，会高速释放出中子，让任何遇到的铀 235 原子跟着核分裂，就像一个醉汉挥出拳头，结果整间酒吧到处大打出手。

黄饼要有使用价值，里面的铀 238 必须分离出来，铀 235 浓度达到以下比例：

- 3% ~10%，商用发电用途；
- 20%，特定种类的研究与医疗用途；
- 20% ~90%，核潜艇的发电用途；
- 90%，核武器用途。

铀 235 的浓度要从天然铀的 0.7% 往上提高，首先要加入氟原子，形成铀氟化物（六氟化铀），其在室温下是气态。

接下来，把六氟化铀气体注入特定装置，由于铀 238 多出三颗中子而较重，因此利用铀 235 与铀 238 的轻微重量差异分离两者，目前有六种分离技术，但业界只采用其中两种，一种是把气体导引过一组超高速离心机，另一种是让气体通过一组超细过滤器。

无论采用这两种技术中的哪一种，按步骤会区分出两类气体，一类含有的铀 235 比原先略多，另一类则比原先略少，等经过许多步骤以后，最后导引进两个储气槽，其中一个的铀 235 达到所需浓度，另一个的铀 235 则远低于 0.7% 的天然浓度，称为“铀尾料”。为了便于长时储藏，厂方也许会把尾料气还原为铀氧化物。

用作燃料的浓缩铀气体（铀 235 达到所需浓度）还要经过最后一个步骤，那就是用化学方法加工为二氧化铀粉末，压制为小巧块状，加热熔化，制成核反应堆专用的燃料棒。

## 短期出路

目前全球核反应堆所需的铀供应量还不至于短缺，原因在于次级供应填补了消耗量与原生铀供应量之间的缺口，而次级供应主要来自俄罗斯。

苏联解体之后，俄罗斯继承了超过 200 万磅的核弹级浓缩铀，外加许多未充分利用的相关制造设备。俄罗斯和美国从 1993 年起签订“百万吨换百万瓦”协议，往后的 20 年间，俄罗斯把能制成 2 万枚核弹的 110 万吨核弹级浓缩铀（铀 235 浓度达 90%）与铀尾料加工混合，制造出 3300 万吨的商用发电级浓缩铀（铀 235 浓度为 3%）——堪称浓缩铀的逆向还原。最终产物卖给美国。

百万吨换百万瓦协议在 20 年间填补了美国的供应缺口，但在 2013 年 11 月到期，如今已成历史，美国从此不能每年获得 2400 万磅的浓缩铀（等于消耗量的 55%）。

在百万吨换百万瓦协议期间，俄罗斯还另外从事次级供应，把过剩的浓缩铀产能移去处理别国的铀尾料。20 世纪 90 年代与 21 世纪第 1 个 10 年期间，俄罗斯从阿海珐核能公司（法国）与尤伦科核燃料集团（欧洲）等大厂接收一船又一船可加工的铀尾料，但这项副业如今已成历史。

如今美国也小规模投入次级供应。在百万吨换百万瓦协议期间，美国也把不需用的核弹级浓缩铀转换为燃料，但只有威斯岱国际公司具有转换设备，而且年产量仅 1.8 万磅（俄罗斯的产量大 5 倍以上）（见图 9.3）。

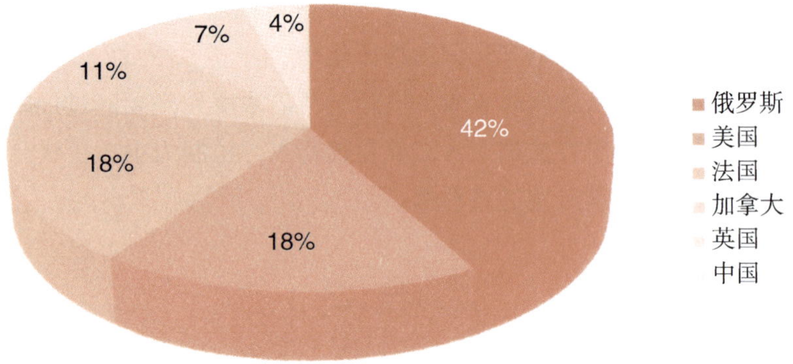


图 9.3　各国的转换铀产量占比

因此，尽管美国有许多核弹级浓缩铀可供加工混合，不过加工厂的产能却不足。如果要加快速度，美国只能把浓缩铀运至俄罗斯代为加工。想象一下，要是哪个美国政治人物提议把核弹级浓缩铀交到普京手上，美国国内肯定会掀起轩然大波。

如今俄罗斯生产的浓缩铀来源有二，一是加工国内的铀尾料，二是加工国内的原生铀矿。俄罗斯的铀矿产量在全球仅居第六位，但只要加上哈萨克斯坦和乌兹别克斯坦的铀矿产量，则总产量几乎占全球的一半。就浓缩铀而言，俄罗斯的产量为全球第一，占全球的40%（见图9.4），主要供应对象为核电厂。

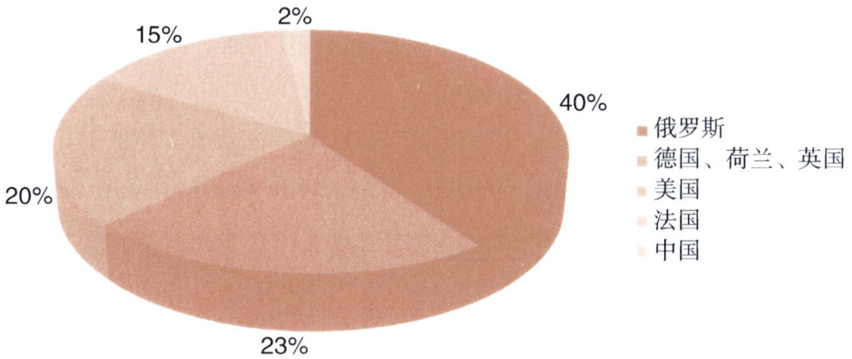


图9.4　目前各国的浓缩铀产量占比

## 普京的铀卖场

如今俄罗斯的铀矿产量居全球第六位。此外，普京在邻国哈萨克斯坦极有影响力，而哈萨克斯坦不只是欧亚经济联盟的一员，原生铀产量还居全球首位，占全球总产量的38%。换言之，俄罗斯掌握全球47%的原生铀产量。

一旦普京掌握如此高的原生铀与浓缩铀产能，那些一心确保铀燃料长期供应无缺的国家就得找他。比方说，俄罗斯在2012年与日本签下协议，确保日本的核电厂能取得浓缩铀，虽然有福岛核灾的阴影，但日本已经无法负担废除核电后新增的开支。

如果俄罗斯现在还想继续供应美国，就要另行签约。根据百万吨换百万瓦协议，俄罗斯无法直接卖浓缩铀给美国的核电厂，而是只能以低于市价的特定价格卖给美国浓缩铀公司，唯一能卖的也只有加工混合铀，不能是新开采的原生铀。由于这些限制，俄罗斯无意在2013年以后续约。

2012年，俄罗斯燃料组件公司与美国4座核电厂签订一项6年合约，负责供应总价超过10亿美元的铀燃料，另外也跟美国浓缩铀公司签约，在9年期间供应浓缩铀，年供应量约为百万吨换百万瓦协议时的一半，价格并无限制，铀燃料的种类也不设限。

俄罗斯国营核子公司正在不少国家兴建核反应堆，普京也在这些国家替俄罗斯的铀燃料找到长期客户。

俄罗斯国营核子公司是全球核能产业巨擘，在全球兴建的核电厂数目高过任何竞争对手，目前在中国、越南、印度和土耳其各有21个项目，总额达500亿美元。伊朗预计兴建至少8座新核反应堆，俄罗斯准备好帮其兴建与经营，并且供应铀燃料。美国正为乌克兰手足无措，普京却实实在在地签下许多长期合约。

此外，根据合约内容，许多新核电厂在建成前都得跟俄罗斯购买铀燃料，例如孟加拉国最近准备兴建全国第一座核电厂，刚与俄罗斯国营核子公司签的合约就是如此。普京了解“全方位服务提供商”的真正含义。

俄罗斯国营核子公司每年从俄罗斯出口30亿美元的铀燃料到国外，1/5是卖到亚太地区。由于亚太地区发展迅速，俄罗斯国营核子公司着手兴建一座全新的铀燃料运输中心，地点选在俄罗斯最大的太平洋港口符拉迪沃斯托克。

## 终极供应源

普京正在收购俄罗斯以外的原料铀供应源。俄罗斯铀矿开采公司是俄罗斯国营核子公司的子公司，铀一公司则是全球铀产业里规模数一数二的公开上市公司。2010年年中，俄罗斯铀矿开采公司加码买进铀一公司的股份，持股比例从17%提高到51%，借此吸引投资人支持公司的扩张计划。

然而，福岛核灾毁掉投资人对铀产业的兴趣，这个盘算就此烟消云散。2013年，俄罗斯铀矿开采公司以13亿美元买下铀一公司的剩余股份，所付金额比实际股价高出一倍，接着把这家公司改组为非上市公司，时机可谓恰到好处。

铀一公司是主要的铀供货商，每年铀产量达 1600 万磅。这起收购案以后，俄罗斯在许多国家拥有铀矿，包括澳大利亚、加拿大、哈萨克斯坦、南非、坦桑尼亚，甚至还有美国，之后在美国的铀产量将超过其他美国本土公司的总和。

俄罗斯与数个国家签下铀矿勘探和开采的协议，包括日本、法国、印度、韩国与加拿大。俄罗斯铀矿开采公司也跟全球产量最高的哈萨克斯坦国营铀矿公司合作，展开共同开采计划。

俄罗斯还向探明铀储量占全球 5% 的纳米比亚招手。纳米比亚目前产量惊人，据估计到 2018 年将跃居全球第二大的原料铀出口国，仅次于哈萨克斯坦。

埃及也是普京大计里的一环。2013 年，普京与当时的埃及总统穆尔西（Mohamed Morsi）会面，会面后宣布两国将“重新展开和平用途的核能合作计划”，例如联手兴建核电厂。开罗当局希望到 2025 年核能发电量能达到 40 亿瓦，足以供应约 300 万户家庭，此外也邀请俄罗斯政府合作开采铀矿。这些协议对埃及有利，尽管穆尔西政权遭推翻，不过协议仍可能签订。

## 在蒙古攻城略地

俄罗斯愿意费尽心力追求目标。虽然普京不愿为争夺资源开战（他宁可等别国先弄脏自己的手之后再介入并取得利益，例如在伊拉克就是如此），但他乐于采取经济战。蒙古和乌克兰一样与俄罗斯接壤，在俄罗斯看来形同“邻近的远处”，现在我们就来谈在蒙古上演的事情。

最先开采蒙古东方省铀矿的是俄罗斯。东方省铀矿占地 3000 公顷，从 1988 年至 1995 年先由苏联后由俄罗斯开采，工人数目最高达到 1 万名。俄罗斯在此投资 1.5 亿美元，但由于国内动荡不安，莫斯科的资金流逐渐短缺，结果在 1995 年撤资离开。

尽管如此，俄罗斯始终保有这处铀矿。

2003 年，开采作业重新展开。之后蒙古政府开放西方国家投入开采，结果由加拿大的可汗铀矿公司取得开发权，这家小公司与蒙古政府互相合作，却占联合开发计划的多数股份。

接着，普京对可汗铀矿公司出手。

2009 年 1 月，俄罗斯与蒙古宣布将联手开采铀矿。2010 年 1 月，蒙古的国会通过新规定，只要政府投资任何计划，皆应持有 51% 的股份，包括东方省铀矿在内。新规定颁布以后，蒙古政府强行收回开采权却未赔偿，可汗铀矿公司形同遭到抢劫。

如今这起事件正在走国际诉讼程序。就算可汗铀矿公司真能讨回什么赔偿，那也只会流进律师的口袋。

背后施压踢掉可汗铀矿公司的无疑是俄罗斯政府。2009 年 7 月，当时担任总理的普京出访蒙古，出访重点正是铀矿。一个月后，当时的俄罗斯总统梅德韦杰夫带着俄罗斯铀矿开采公司总裁现身乌兰巴托，这也绝非巧合，他们在打什么主意显而易见。

2010 年期间，经济局势好转，俄罗斯高层与蒙古总统额勒贝格道尔吉（Tsakhiagiin Elbegdorj）的关系开始恶化。2011 年夏季，俄罗斯毫无解释就中断了对蒙古的柴油供应，危及蒙古的发展成果，背后给额勒贝格道尔吉的信息一清二楚：在铀矿方面乖乖听话，否则后果自负。

俄罗斯与蒙古重修旧好之际，美国在此地的努力却付诸东流。蒙古政府在 2011 年暗中与日本和美国商谈“核燃料租借协议”，蒙古负责把原料铀加工为核燃料，但也得接受外国客户的核废料。

美国为这次商议投入很大，核燃料供应或核废料处置的条件都很诱人。蒙古有美国的支持获益良多，既能成为公认的核废料储放国，还能收回用过的核燃料，就像过去的牛奶商能回收空牛奶罐一样。蒙古因此会立刻在全球铀燃料产业跃居为独立自主的要角。

2011 年 9 月，蒙古总统额勒贝格道尔吉突然喊停。他给的表面原因是别国的核废料“根本是别人身上的祸害……我认为我们不该屈从于国际超级强权的压力，在开采与出口原物铀以后，还得回收核废料，所以我们绝对要扬弃这个决定。”禁止进口、运输或存放核废料的法令随之通过。

也许额勒贝格道尔吉确实有此疑虑，但外界普遍认为是普京再次出手。如今蒙古的铀产业只得屈从于唯一的伙伴：俄罗斯。蒙古显然只会扮演一个角色：让俄罗斯铀矿开采公司开采铀矿。现在俄罗斯稳稳掌控东方省铀矿，而蒙古的多数商业铀原料掌握于普京手中，只得像哈萨克斯坦那样乖乖听命于俄罗斯这个外国客户。

## 收尾阶段

这些布局顺利进展。2014 年 1 月，俄罗斯国营核子企业总裁基里言科（Sergei Kiriyenko）与普京会面时眉飞色舞，认为俄罗斯的原料铀年产量会突飞猛进，从 650 万磅迅速增加到近 3 倍。基里言科表示：“我们的年产量在 2015 年将达到 8400 吨，主要成本会彻底改变。”8400 吨等同于 1850 万磅左右。

这不是空口说白话。俄罗斯国营核子企业指出俄罗斯的铀储量高居全球第二，能生产 12 亿磅的原料铀。等到 2020 年，这家公司的年开采量将达到 4000 万磅，再加上哈萨克斯坦、乌克兰、乌兹别克斯坦与蒙古的开采计划，开采量将超过 6300 万磅，而俄罗斯掌控的总开采量则能轻松突破 1.6 亿磅。

其他国家的铀矿开采计划压根比不上。到 2020 年，全球 1/3 的原料铀将由俄罗斯生产，加上哈萨克斯坦生产的 25%，俄罗斯形同有效掌握全球半数以上的产量。

而且还不只如此。全球有不少燃料棒工厂，但转换厂（由氧化铀转换为六氟化铀）不多，浓缩厂（分离铀 235）也少。掌握转换厂与浓缩厂的全球龙头……正是俄罗斯。

俄罗斯主要的转换厂位于伊尔库茨克州的安加尔斯克市，每年出产 4400 万磅的六氟化铀，至于在托木斯克州的谢韦尔斯克市还有另一座较小的转换厂，年产量为 2200 万磅。俄罗斯的转换铀产能居全球首位，总共占1/3，居次的美国占18%。俄罗斯国营核子企业的一座新转换厂在2015年建成，建成后俄罗斯所占的产能比例更上一层楼。

俄罗斯的浓缩铀产能占全球的40%。在扩充现有设备以后，所占比例将逼近50%。

尽管原料铀产量对掌控市场而言很重要，但却不是其中的关键。哈萨克斯坦的原料铀产量在10年内增长5倍，俄罗斯、纳米比亚等国也有能耐追上这种增长幅度，但是握有原料铀是一回事，握有核反应堆所需原料则完全是另一回事。

关键不是铀矿，而是把原料铀变成铀燃料的转换与浓缩技术。

普京的目标即在此：垄断铀转换与铀浓缩市场。这招很聪明，一旦达成也就主宰供应与定价，而需求在未来数十年将日益增长。这个掌控十分稳固，毕竟两种技术的门槛极高，兴建新转换厂与浓缩厂对多数国家而言费用惊人，至于西方国家则因为有民众大力反对这类设施，所以政府难以施展。

俄罗斯的成果如下：原料铀生产量按计划将占全球的58%，转换铀产量已达1/3，浓缩铀产量将达到50%。

如此一来，近乎全面垄断。

## 短期过剩

普京的计划需要耐性，原因在于虽然各国对铀的需求增加，但自从2011年福岛核灾以来，市场陷入停滞。过去十年间数百亿美元投入核电厂的兴建工程，我没有听说过有谁先前预测到单一事件会产生这么重大的影响，但事情就是发生了。

福岛核灾爆发以后，铀黄饼的价格下跌超过60%，每磅价格从事发前的72美元跌至事发后的28美元，创下9年来的新低。铀生产商股价暴跌，亏损连连，只得关闭部分铀矿。如同先前所述，福岛核灾并未让全球对核能却步，那么为何铀价会下跌呢？

首先，最主要原因是日本的核电厂全面喊停。日本的核能发电量占全球的13%，但在福岛核灾以后，50座核电厂统统关闭。虽然多数可能会恢复运转，但必须待以时日，到2015年只有6座重新运转。这对铀市场是一记重击。

此外，还有存货出清的状况。日本各核电厂关闭之际，手上握有3年的铀存量，之后两年仍依长期合约规定持续买进，但并未全数储存，反而大多拿到现货市场（现买现付）售卖。

此举影响甚大。现货市场通常只占铀交易量的10%，其余90%是依长期合约买卖，价格约比现货市场高出45%。尽管价格较高，但核电厂通常会签订长期合约，确保燃料铀在数年内得到供应，否则价格会被忽高忽低的现货市场左右。

韩国也关闭核电厂，像日本那样把燃料铀拿到现货市场售卖，这两个国家的买进价格较高，可谓赔本出售，但有人赔就有人赚，其他国家能凭较低价钱买进燃料铀存放。日本并未公布买主名单，但我相信俄罗斯是一大买主。俄罗斯愿意储存燃料铀多年，静候未来的价格反弹。

由于福岛核灾之故，全球许多老旧核电厂提早停产，更多燃料铀流入现货市场。比方说，加州的圣奥诺弗雷核电厂匆匆停产，流出约1000万磅的燃料铀。

另一个影响铀价的因素来自美国能源部。康佛登转换厂是美国唯一一座把黄饼转换为六氟化铀的工厂，但在2013年因维修作业几乎全年停工，导致黄饼供应量逐渐增加。全美国储存最多黄饼与六氟化铀的能源部见状怎么做？答案是开始大量卖出黄饼与六氟化铀。

此外，2013年7月，美国能源部针对“额外铀储量”发布新计划。根据2008年通过的旧计划，铀出售量不得超过全美所有核电厂年需求量的10%，但新计划则没有规定上限。外界不清楚美国能源部打算出售多少燃料铀，但每年出售700万磅至1000万磅不会令人意外。

最后，如同之前所言，由低价铀尾料加工混合成的浓缩铀（当然来自俄罗斯）充斥市场，情况将持续到2018年前后，届时所有低价铀尾料才会用完，原生铀重回市场主流。

目前的超量供应确实导致价格下跌，这本身对俄罗斯等主要供应国似乎并非好事，但其实对深谋远虑的俄罗斯而言，这是好事。虽然俄罗斯正等着价格上涨，但也善用手中多余的铀尾料，储备更多铀矿，并以极低价格收购各个惨淡经营的公司，例如铀一公司。

俄罗斯早已决心主宰所有的铀产品，在欧洲尤其如此。欧盟的进口铀有 32% 来自俄罗斯，另外 19% 来自哈萨克斯坦与乌兹别克斯坦。

欧洲依赖俄罗斯的天然气，但更加依赖俄罗斯的铀产品。

从 20 世纪 50 年代以来，以 10 年为单位，核电始终是全球成长最快的工业级用电来源，无论现在德国多么拥护绿色能源仍不会扭转这一趋势。普京明白赢得铀供应大战会有哪些好处，目前已助俄罗斯取得大幅领先，脚步快过任何对手，而美国与欧洲甚至根本还没起跑。

# 第十章　中东：石油、战争与大博弈

放眼全球，石油驱动机械。放眼中东，石油也驱动历史，从 20 世纪初期就是如此。不只伊拉克、伊朗与沙特阿拉伯三大产油国备受影响，所有中东国家全受左右，连非产油国家也不例外。

中东是一个动荡喧嚣的地区。你也许是外人，但从一个关键点来看，中东会陷入混乱并不令人意外：中东多是政教合一的国家。埃及人约 90% 是阿拉伯人，属于相同教派（伊斯兰教的逊尼派），具备相同历史记忆（依赖尼罗河），组成中东地区唯一一个多数国民相差无几的国家。伊朗有自己的语言（波斯语）与宗教（93% 的人口属伊斯兰教什叶派），但主要族群（波斯人）占了总人口的 65%，而其余族群无法取得政权（见图 10. 1）。

相比较之下，伊拉克人多数为什叶派，少数为逊尼派，但逊尼派有时会取得政权，而就族群而言分为两大阵营，多数为阿拉伯人，少数为库尔德族人，后者既有自己的语言，也有自己的油田，容易受到土耳其、叙利亚和伊朗其他库尔德族人的影响。

叙利亚主要为阿拉伯人，但如你刚才所知，叙利亚也有为数众多的库尔德族人，至于主流教派是逊尼派，但政府长年由什叶派的分支“阿拉威派”把持。叙利亚还有不少基督教徒，外加众多古老教派，他们在政治上都与阿拉威派结盟。

黎巴嫩也有上述教派，还有一个自治军事组织，该组织相当依赖伊朗提供的资金与武器，与伊朗一样都仇视以色列。

图 10.1 油田与邻近主流教派分布

利比亚主要是逊尼派的阿拉伯人，却是由各个部落组成，不像其他国家。

土耳其几乎全为逊尼派，前身是已经灭亡的大帝国，伊斯兰文化与欧洲文化在此冲突，境内的库尔德族人生育率高，也许一两个年代之后便会跃居多数人口。

普京的计划是瓦解油元体系，减少美国对国际事务的影响力，而要达成这一目标有赖于中东的能源资源。

鉴于中东的动荡局面，我们大有必要妥善审视中东地区三大产油国（产量占全球的20%）与邻国的近代历史。

宗教会让不同国家的民众团结起来。一个国家里的逊尼派与什叶派起冲突，很容易引起其他国家的这两派信徒摩擦对立，简直无可避免，原因在于根本见解天差地别，连大原则都一南一北，毫无和解空间，谁想调解就会遭受打压。

穆罕默德在公元632年过世以后，信众之间爆发一连串争论，最终分裂为逊尼派与什叶派。逊尼派尊奉穆罕默德的岳父阿布巴卡（Abu Bakr）为正统继任者，什叶派则尊奉穆罕默德的女婿阿里（Ali）为正统继任者，两派从此纷争不断。

全球约85%的穆斯林属于逊尼派，但中东三大产油国里的伊朗与伊拉克以什叶派占多数。沙特阿拉伯以逊尼派占绝大多数，但什叶派却分布在东部产油区。

## 伊朗：制裁、政变与革命

我们先从大名鼎鼎的丘吉尔谈起。

丘吉尔给世人的主要印象是在第二次世界大战期间担任英国首相，但他还有许多其他事迹。他召集英国民众对抗纳粹时已60多岁。30岁时，也就是1911年，他获任命为第一海军大臣，负责掌管英国皇家海军，当时第一次世界大战尚未爆发，但他胸怀理想，不愿得过且过，一心要让皇家海军的老旧舰队脱胎换骨。那时英国皇家海军仍主宰全球各大洋，却唯恐遭美军迎头赶上，更危险的是可能被德军超越。为免落居下风，英国需要采用高效能的燃油船舰。

皇家海军的多数船舰仍是以煤为燃料，虽然英国盛产煤矿，但燃煤终究比不上燃油。每磅或每立方英尺的石油能比等量的煤产生更多能量，而且不必靠笨重庞大的火炉，所需人力较少。换言之，燃油既省下空间与重量，又省下相关人力的食宿与开销，这是战场制胜的一大关键。建造燃油的军舰很花钱，但对英国来说绝对不成问题，问题是出在石油上：大不列颠不产油。因此，丘吉尔认为确保稳定的油源至关重要。

他思索科技将如何改变陆战。当时陆战仍主要靠军队建立防线，挖掘壕沟，架设铁丝网，敌方同样会挖沟与架网，同时双方大批部队彼此猛攻。丘吉尔看得比这更远，他想发展以内燃机为动力的装甲战车，靠战车压过铁丝网，越过壕沟，歼灭敌军，所向披靡。英国人为了掩人耳目，刻意以“运水车”称呼这类战车，也就是今日俗称的坦克（译注：“坦克”与“水槽”的英文都是 tank）。不过，坦克依然需要燃油。

到底该从哪里取得油源呢？

美国的德州与加州正兴起第一波挖油热，这是一个可能的选项，可惜英美两国隔着一片汪洋。俄罗斯呢？俄罗斯的产油量也很大，但俄罗斯是跟英国敌对的庞大帝国，而且俄罗斯石油掌握在不可靠的罗斯柴尔德家族手中。

一位雄心勃勃的英国人发现了丘吉尔想找的东西。1900 年，英国人达西（William K. D'Arcy）对波斯从地表自然渗出的石油感兴趣，付给波斯国王穆扎法尔（Mozaffar al - Din Shah Qajar）2 万英镑，取得一块约 125 万平方千米区域的石油开采权，这等于波斯北边五省的大多区域都落入他的手中，只是获利的 16% 必须当作权利金缴给波斯政府。达西为勘探石油耗尽财产，只好把多数区域的特许开采权转让给伯麦石油公司。伯麦石油公司投入 50 万英镑继续勘探作业，在 1908 年即将用尽预算之际成功挖到一处巨大油田，接着成立子公司“英国波斯石油公司”，也就是后来的石油巨擘“英国石油公司”。

开采石油需要大笔资金，在缺乏现代基础建设的地区尤其如此，英国波斯石油公司接下来着手募集资金。1914 年 5 月，在丘吉尔的力劝之下，英国政府提供资金，条件是获得英国波斯石油公司 51% 股份，有权任命董事，主导任何跟英国国家利益相关的决策，而且英国皇家海军往后 30 年能以固定价格购得石油。丘吉尔的这招很漂亮。英国比德国捷足先登，抢下中东首座大型油田，从而赢得三个月后爆发的大战。

第一次世界大战过后，波斯可萨军团的军官礼萨汗（Reza Khan）镇住叛乱，建立秩序，逼退英军与俄军，向国王证明自己无可取代的价值，成为全国最有权力的大人物。1925 年，他把波斯国王艾哈迈德沙·卡扎尔（Ahmad Shah Qajar）赶下台，设立一个对他言听计从的国会，把波斯改为君主立宪制，自封为国王。他先前冠上“巴列维”（Pahlavi）这个姓氏，巴列维家族在接下来的 54 年持续统治波斯，而波斯在 1935 年更名为伊朗帝国。

礼萨汗想让国家走上现代化之路，计划兴建铁路、高速公路与公立教育体系，这些都能替发展大规模工业铺路。他也想改革司法，引进欧洲的医护制度。为了达成各个目标，他需要一个强悍有力的中央集权政府，任用教育程度高的人员，于是他派数百人赴欧洲求学，包括他的儿子在内。

这些计划相当花钱。他明白伊朗唯有靠石油赚钱才能成为现代国家，而如果没有石油的话，他连巩固自己的权力都很难，但当年波斯与达西签的合约挡在前头，大笔石油获利几乎统统送进外国人的口袋。他想重新立约，英国却打算慢慢拖。

礼萨汗逐渐用光预算。1931 年，按伊朗当地货币（里奥）计算的通货膨胀幅度达到45%。礼萨汗政府需要 500 万英镑来完成铁路、医院与学校的工程，英国波斯石油公司说好要付款却并未办到。此外，礼萨汗还必须靠钱维持军心。

他对英国波斯石油公司提出三项要求，否则收回开采权：第一，把公司 25% 的股份交给伊朗政府；第二，支付采油权利金；第三，至少放弃当初签约的半数开采区域。

英国波斯石油公司不愿答应，礼萨汗顺势收回开采权，但事情并未到此结束，这只不过是他的谈判策略罢了。他其实乐于给予英国波斯石油公司更多特许权，而英国波斯石油公司也想继续开采，双方均需要彼此。

1933 年年中，双方签订新的 60 年合约。在礼萨汗看来，条件好上许多，英国波斯石油公司会给伊朗政府以下优惠：

- 100 万英镑的立即纾困金。
- 公司股份的 20%。
- 采油权利金，每吨为四分英镑（以黄金支付）。
- 税金，以伊朗油田所得净利的 4% 计算，每年不得低于 75 万英镑。

此外，英国波斯石油公司还会：

- 接受政府所指派的董事。
- 补贴伊朗民众购油。
- 放弃先前合约一部分的开采区域。
- 放弃在伊朗境内的独家采油权。

新协议使伊朗得以邀请其他公司协助开发石油资源，赚进更多金钱，新协议确实摆脱对英国波斯石油公司的依赖。但要邀请谁呢？苏联摩拳擦掌，但礼萨汗不信任他们。德国人跃跃欲试，就政治层面而言也能制衡英国，既有技术和资金，又愿意五五分账。然而，礼萨汗在 1935 年选择跟美国人合作。美国国力正蒸蒸日上，跟美国合作胜过与刚在第一次世界大战战败的德国合作。不过礼萨汗也留有后路，让德国技术人员留在伊朗。

美国几家石油公司都迫不及待想进军伊朗，例如新泽西标准石油公司（后来的艾克森石油公司）与加州标准石油公司（后来的雪佛龙）。他们觊觎新开放的区域，并计划兴建数条通往阿曼湾与波斯湾各港口的油管，挤掉德国与俄罗斯。

英国与美国在伊朗争抢地盘，引起伊朗民众的厌恶。几乎所有高薪工作全把持在外国人的手中，原本礼萨汗所说的石油产业会带来的诸多好处几乎尽成泡影。在礼萨汗的同意下，伊朗的政治人物对这股排外怨气火上加油，把外国人描绘成只为采油却付出微薄金额的窃贼，以及答应要盖医院与学校却食言的骗子。然而，伊朗政府却暗自渴求外国人带来的金钱。1939 年，第二次世界大战爆发前夕，英国政府同意借 500 万英镑给急于要钱的礼萨汗，未来再从石油的收益里扣款偿还。

另外，英国政府公布不同于利伯维尔场价格的金价。这样一来，虽然先前议定每吨产量应以黄金支付的“四分英镑”的权利金，但实际上伊朗政府不会收到这么多。

礼萨汗觉得被英国骗了一回，因此拒绝那笔借款，收回英国伊朗石油公司（前身为英国波斯石油公司）的开采权。

此举既大胆又高明，原因在于德国正准备掀起另一场大战。结果，英国提高借款金额。丘吉尔认为伊朗的石油十分重要，想对抗德国就必不可少。1939 年 10 月，也就是第二次世界大战爆发一个月以后，丘吉尔呼吁英国政府满足礼萨汗的任何要求。

当战事升温，问题逐渐浮现。礼萨汗不断提高权利金，英国政府也接连同意，但怀疑礼萨汗不会交出讲好的石油量。此外，英国与苏联这个新盟友都想利用刚通车的跨伊朗铁路，把石油从波斯湾运往苏联与东部战线，但礼萨汗不愿接受这个提案。礼萨汗不愿得罪纳粹，在大战刚爆发之际就宣布伊朗将保持中立。英国政府坚称那群留在伊朗的德国工程师与技术人员图谋不轨，是有意破坏英国各采油设备的间谍，应由伊朗政府遣返回国，但礼萨汗不愿从命。

1941 年 8 月，英国和苏联拿礼萨汗的拒绝当理由，派兵到伊朗逮捕他，驱逐到南非。次年，美国派部队协助跨伊朗铁路保持正常营运。接下来几个月，英国、苏联和美国控制这条铁路与伊朗石油产业。

1941 年 9 月，礼萨汗的儿子小巴列维（Mohammad Reza Pahlavi）获准继承王位，组成一个亲英美的政府。他年仅 22 岁，是这个王位的合适人选，因为他倾向西方。他跟父亲所见略同，打算靠石油赚钱来把伊朗现代化。这位新任国王倾向西方的态度令许多民众不满，尤其是厌恶西方现代化的民众。战争结束以后，民众上街抗议小巴列维政权，反西方运动愈演愈烈，连同其他势力一起要求政府把油田收归国有。

同一时间，邻国阿塞拜疆与伊朗决裂，转而加入苏联。

这位年轻国王仍听命于先前让他即位的英国与美国政府，认为英美两国能协助伊朗对抗阿塞拜疆这个西北边境的新威胁。有些人要求他多考虑伊朗自身利益而修改原本的采油协议，但他一概不理。虽然他誓言要遵守君主立宪制并听从国会，却在 20 世纪 40 年代逐步掌控国会，费心重建军队，确保军队对国家（实际对自己）效忠。

他在战后的主要敌手是崇尚民族主义的国会议员摩萨台（Mohammad Mosaddegh）。

摩萨台出身富裕人家，是第一个在欧洲取得法学博士学位的伊朗人。他理想中的伊朗是一个独立自治的现代化民主国家，包括广阔油田、出口设施与阿巴丹大型炼油厂等国内资源应掌握在自己手中。他认为伊朗若要消除贫穷并重振雄风，关键是靠石油获利。此外，他在巴黎求学时，目睹了法国人对英国人的轻视，于是与伊朗国王的歧见逐渐扩大。

伊朗民众认为摩萨台能解放他们，日渐拥戴他。1951 年，国会选他当总理，但他随即辞职，抗议伊朗国王不应否决掉他被任命为国防部长等重要官职的权利。民众示威抗议，伊朗国王连忙请他复职，赋予所有要求的权利。

摩萨台决心把石油产业国有化，让伊朗摆脱英国与美国的宰割。伊朗国王出面反对，唯恐西方祭出石油禁运制裁，那样伊朗经济将毁于一旦。

摩萨台获得国会一致认同，针对此议题步步进逼。当伊朗国王想把他换掉时，民众认为西方势力介入国内政治，纷纷上街抗议。伊朗国王担心如果派军队镇压民众，又唯恐低阶士兵叛变，于是他逃到国外。然而，他没有放弃王位，认为英美两国会跟他站在同一阵线以保护石油利益。

结果证明他想得没错。英国政府关闭了负责处理伊朗所有产油的阿巴丹炼油厂。英国与美国开始抵制伊朗的石油，逼迫盟国一起跟进。买主消失不久，产油开始停摆，钞票不再流入。

英国与美国似乎觉得这样还不够，索性封锁荷姆兹海峡，伊朗的海运贸易随之中止，经济陷入瘫痪。

美国政府关注的不只是石油利益，这起事件形同冷战的升级。摩萨台想干预市场，把产业收归国有，有意采取专制统治，这有与苏联结盟的征兆。无论基于政治或经济因素，摩萨台都该走人。

英国与美国展开沙盘推演，思考该如何不让这个苏联的邻国达到目的，但又不至于引发第三次世界大战，于是最终决定不出兵，而是发动政变。基于许多原因，这是最佳办法。

首先，如果英国入侵伊朗，苏联可能也会入侵伊朗北部各省，双方唯恐交战，但苏联占有极大的补给优势，也许会把英美联军一路往南逼，甚至逼出伊朗，届时苏军能直接威胁邻近的土耳其，还能自由出入波斯湾，形同实现从彼得大帝时代以来长驱直入印度洋的梦想。

相比较之下，靠政变让伊朗国王重登宝座远不会刺激苏联，甚至还会让国王心存感激，可能给美国的石油公司更多的开采权。

其次，虽然西方强权否认介入政变，但其他中东国家政府都知道是谁在幕后出招。美国展现实力与智谋，其他国家更乖乖心向西方。

当美国中央情报局向伊朗国王保证他的安全以后，国王动身返回伊朗。于是美国着手组织与支助，让民众像是自发反抗摩萨台，还付钱让神职人员、政治人物、军官将领与黑道分子加入抗议行列。伊朗遭经济孤立以来，老百姓生活艰苦，示威轻易演变为暴动。

政变在 1953 年 8 月登场，尽管先前经过计划，但实行起来也不顺利。

伊朗国王派部队到摩萨台的家里抓他，但负责的皇家禁军上校反过来被摩萨台的支持者抓住。另外，中央情报局聘请德黑兰当地黑帮煽动支持国王的暴动，还用巴士与卡车载运那些有拿钱的煽动分子进入市区，结果他们跟摩萨台的支持者爆发冲突，致使 300～800 人丧生。

一群中情局资助的暴徒闯进摩萨台家，成功把他抓住。伊朗国王的军事法庭判他谋反罪成立。1953 年 12 月，摩萨台获判入狱服刑 3 年，之后被软禁在家，直到 14 年后过世为止。他的支持者锒铛入狱，许多人惨遭处死。

数十年来，美国中情局与英国军情局始终否认曾参与此次政变。

美国替英国保住在伊朗的利益，要求英国波斯石油公司把开采权分一些出来，主要分给美国公司。英国的开采权剩下 40%，美国增为 40%，皇家荷兰壳牌集团占 14%，法国的道达尔石油公司占 6%。伊朗分到获利的 50%，但不具有油田的所有权。

这场政变以后，伊朗国王小巴扎维变得日益独裁，越来越多石油利益流进他自己的口袋，而非他先前保证的公共计划。此外，他也与石油公司起摩擦，指控他们报低获利少缴钱给伊朗政府。

摩萨台落马以后，原本支持他的民众并未烟消云散。民众对伊朗国王的厌恶始终有增无减，对世俗主义与现代主义的憎恨也持续升高。1979 年，革命爆发。什叶派教士掌权，允许一群学生攻占美国大使馆，挟持 52 名美国人当作人质。石油再度收归国有。

美国政府认为要恢复亲西方政权终将徒劳无功，因此不理小巴扎维，转身暗助伊拉克入侵伊朗。伊拉克独裁领袖萨达姆（Saddam Hussein）向伊朗开战，背后由美国提供金钱与武器。美国的盘算一清二楚。华府认为确保此区石油出产的最佳策略是引发冲突，借此削弱双方实力，如果伊朗与伊拉克兵戎相向，他们就不会侵犯美国主要的石油供应国：沙特阿拉伯。

这个策略奏效——至少奏效了一阵子。

当什叶派里的原教旨主义论者掌控伊朗，与邻国伊拉克大概不可避免地要起冲突。虽然伊拉克以什叶派为主，在 1980 年却是由萨达姆为首的少数逊尼派掌权。1980 年 9 月，伊拉克以双方长年的领土纷争为借口，出兵入侵伊朗，但真正理由是萨达姆担心伊朗的伊斯兰革命引发一个恶果，那就是让主要聚集在伊拉克南部靠近伊朗地区的什叶派穆斯林挺身而出反抗他。这场血腥冲突持续了 8 年，最终在 1988 年 8 月结束，据估计有 50 万名官兵丧命，平民的死亡人数也差不多。萨达姆以化学武器对付伊朗人，也对付自己国内那些和伊朗站在一起的库尔德族人。战争结束时，两国的领土并无变动。

伊朗的石油与天然气产量在战争期间骤降。雪上加霜的是，美国政府在 1980 年对伊朗实施经济制裁，报复 1979 年的人质挟持事件，在 1995 年再以怀疑伊朗暗中发展核武器为由，延长制裁期限。由于伊朗不愿中止发展核武器的计划，联合国安理会从 2006 年起展开更严厉的制裁，欧盟也颁布贸易禁令。

制裁远非滴水不漏，但伊朗无疑受到打击，石油产量至今仍未恢复到战前的每日 600 万～700 万桶。国外资金不准进入伊朗，包括管线等基础设施的兴建速度十分缓慢。西方资金进入伊朗的时间遥遥无期。

然而，虽然美国与西欧孤立伊朗，但伊朗仍有盟友。委内瑞拉投入 40 亿美元进行联合采油计划，出资者包括银行业者。印度政府保证持续向伊朗买油，但经常付不出钱，伊朗仍一直乐于供油。希腊反对欧盟的制裁决议，因为在希腊政府破产以后，伊朗是极少数愿意让希腊赊账购油的国家。韩国与日本也求美国准许他们不再对伊朗实施制裁，因为他们很依赖伊朗的供油。至于俄罗斯方面，自从 1999 年普京当上总统以来，两国的经济交流日渐频繁。

伊朗甚至跟现在由什叶派把持的伊拉克政府关系不错，目前最大的天然气协议正是与这个新朋友所谈成。伊拉克要靠大量天然气替炼油厂与油管等采油相关基础设施提供电力，而根据这项协议，伊朗每天应供应 7 亿立方英尺的天然气给伊拉克的炼油厂。这个供应量很可观，一年能为伊朗赚进 40 亿美元，而且双方正考虑把供应量提高一倍。

最后还有中国。伊朗供应的石油与天然气占中国总需求量的 15%，伊朗的能源资源关乎中国的国家安全。可以说，沙特阿拉伯对美国很重要，但伊朗对中国更重要。中国必须保持与伊朗的双向贸易，贸易额在 2015 年达到 500 亿美元，因此别指望中国会跟美国与欧盟一起制裁伊朗。中国不反对西方世界禁止伊朗卖油，因为这样伊朗的石油与天然气会变得更便宜。

## 伊拉克：深陷泥潭

伊拉克境内有古文明摇篮美索不达米亚，当年建立人类第一个长久定居的农业社会。但近年伊拉克可一点也不“文明”，主要不是围着粮食打转，而是围着石油打转。

伊拉克这个国家直到近年才出现。从 16 世纪到第一次世界大战结束为止，这块区域多半属于鄂图曼帝国的领土。

在美国总统威尔逊（Woodrow Wilson）的默许下，英国与法国把鄂图曼帝国切得四分五裂，分为土耳其、叙利亚、黎巴嫩、巴勒斯坦、波斯湾国家与美索不达米亚，但并未妥善考虑，结果每个国家里有不同族群或教派，同一个族群或教派却又分散在数个国家，尤其库尔德族分散各处，包括伊拉克北部、伊朗西部与土耳其南部，从此他们试图自己合并为一个国家，至今是全球最大的无国家族群。

美索不达米亚受英国统治，在 1921 年建立伊拉克王国，1932 年完全独立。伊拉克王国境内有数个族群与教派，一路走来困难艰辛，例如库尔德族人与伊拉克人爆发过两场战争，死伤惨重但问题未解决。1958 年，一个心怀不满的军阀推翻伊拉克国王，随即宣布伊拉克共和国成立，但不是美国第四任总统麦迪逊（James Madison）心目中的那种共和国，而是一个专制政体，并未实施传统上用来限制王权的法律，在后来多数时间里，谁控制军方，谁就是总统。

其中一位就是萨达姆。

巴斯党（沙丘中的法西斯党）由逊尼派主掌，萨达姆是其中一位党内领袖，在 1968 年巴斯党靠政变取得政权的过程中扮演关键角色。1976 年，他担任副总统，总统则拖着病体。他建立一支对他效忠的维安部队，借此主宰政府与军方之间的关系。20 世纪 70 年代早期，他主导石油等产业的国有化。整个 20 世纪 70 年代，伊拉克经济靠卖石油迅速起飞，他在政府里的地位日益稳固，任命的官员大多属于逊尼派。

1979 年，他当上总统，虽然之前数年他已是伊拉克政府的实际领导人。他从此统治伊拉克，直到 1/4 个世纪以后，美军在 2003 年入侵伊拉克才把他推翻。

## 伊拉克的石油简史

从 1925 年到 1961 年，伊拉克生产的石油统统掌握在土耳其石油公司手中。这家公司在第一次世界大战前取得鄂图曼帝国所有油田的开采权，创立时间为 1912 年，创办人是美国企业家谷本坎（Calouste Gulbenkian），他当时已是石油产业十分活跃的成功要角，绰号是“5% 先生”，因为他自己的每样东西都会保留 5%。

第一次世界大战结束以后，鄂图曼帝国分裂，土耳其石油公司更名为伊拉克石油公司，谷本坎把半数股份卖给在伊朗相当活跃的几个英国业者，他们乐于在伊拉克勘探与开采石油。

1927 年，伊拉克石油公司在伊拉克北方的基尔库克挖出油井，改变整个局势。那时美国业者已来到伊拉克，伊拉克石油公司重新改组，由四家石油公司分别握有 23.75% 的股份，包括英国石油公司、皇家荷兰壳牌集团与道达尔石油公司的前身，再加上算是艾克森美孚与雪佛龙前身的美国石油集团，剩余 5% 的股份则握在“5% 先生”手中。各石油公司签订红线协议，同意不在中东地区互相竞争。

这个互不竞争协议造成紧绷关系。美国与英国有其他油田，打算按部就班地开发伊拉克油田，但法国几乎只在伊拉克有油田，当油田开发进度缓慢时，法国当然很想在中东地区另起炉灶，却遭到互不竞争协议的限制。

第二次世界大战结束之际，伊拉克的石油产业比伊朗落后数十年之多，甚至连一座炼油厂都没有。伊拉克想多开发石油资源，但国内民众跟伊朗民众一样，民族主义高涨，对掌控石油产业的外国公司怀恨在心。

伊拉克的军阀领袖左右为难，既想摆脱外国的掌控，又需要外国的技术，而且担心如果把石油产业收归国有，可能重蹈伊朗在 1952 年的覆辙，遭受外国买家制裁，在经济上面临严重打击，至于掌权者也会像摩萨台一样面临相同命运，先丧失权力，再身陷囹圄。

最后苏联在1969年与伊拉克签订协议，伊拉克政府才挺身而出挑战伊拉克石油公司、英国与美国的利益。

苏联提供伊拉克建造炼油厂与油管的资金与技术，而且不止如此，后来还协助伊拉克兴建水力发电厂、开挖矿藏与发展核能。

莫斯科当局要的不只是取得伊拉克的石油，还有实现冷战的大布局。苏联想减少伊拉克对从西方赚取石油利益的依赖程度，让伊拉克自给自足，借此削弱美国的影响力，自己则在中东站稳脚跟，于是苏联直接向什叶派提议，毕竟什叶派民族主义高涨，并借此彻底铲除伊拉克石油公司。

多年来西方始终滥用自身优势，英国与美国尤其如此。与在伊朗时一样，他们没有实现诸如盖学校与医院等承诺，以什叶派为主的愤怒民众认为西方人根本只是盗匪。此外，民众还有另一支箭靶：靠石油赚得的钱，如果留在伊拉克国内，统统落入可恨的逊尼派统治者的口袋。

莫斯科当局乐见这种气氛。他们想让倾向苏联的什叶派彻底掌控伊拉克，决定煽动伊拉克政府向伊拉克石油公司出手。

1972年，萨达姆没收伊拉克石油公司的资产，移交给伊拉克国家石油公司（这家公司成立于1966年，至今仍在营运）。但从莫斯科当局的角度来看，这样根本事与愿违。什叶派认为石油产业国有化是一大胜利，但萨达姆和巴斯党依然掌控军队与政府，石油产业国有化反而巩固了他们的势力。什叶派表面上欢天喜地但其实一无所获，至于莫斯科当局连欢喜都谈不上。

在国有化以后，石油产业从引起纷扰变成一潭死水。当国外技术撤离，这个不够现代化的国家形同遭受一次大打击，外资也完全撤走。根据伊拉克国家石油公司的内部规定，他们不能把开采权转让给外国公司，也不能与之合作，连劳务合约都设置种种限制。

萨达姆的好战性格更让石油产业大受打击。他前后投入三场战事，第一场正是与伊朗的血战。美国支持萨达姆对付伊朗，但在联合国促成的停火协议签订以后，双方关系迅速恶化。在这场战争结束两年以后，第二次波斯湾战争爆发，导火线是伊拉克突然入侵科威特。

萨达姆是基于三个原因出兵攻打科威特这个富庶小国。

第一个原因关乎领土。由于英国在 1922 年替伊拉克划定的领土全在内陆，萨达姆觊觎面朝波斯湾的科威特。他说伊拉克当年是鄂图曼帝国的巴士拉省，领土自然包括科威特。

第二个原因是债务。先前与伊朗打完仗以后，伊拉克负债累累，主要债主为沙特阿拉伯与科威特，伊拉克一直要求这两个国家把债款一笔勾销却遭到拒绝。这次入侵形同恶意出手接管债主。

第三个原因关乎石油经济。科威特的油田本身令人垂涎。此外，科威特并未遵守石油输出国组织规定的生产限额，侵害到伊拉克的利益。根据当时的协议，各成员国应限制石油产量，让油价维持在每桶 18 美元左右，但科威特与阿拉伯联合酋长国过量生产，导致油价跌至每桶仅 10 美元，伊拉克每年少了 70 亿美元的卖油收入，等同于 1989 年的贸易赤字金额。抢走科威特的石油确实很好，但光是让科威特暂停产油其实就够好了。

伊拉克自称是经济战的受害者，例如科威特以斜向油井从伊拉克的鲁迈拉油田偷油。1990 年夏季，伊拉克威胁将采取军事行动。

最终战争爆发，这也许与美国的意思表达不清有关。在 7 月下旬的会面里，美国驻伊拉克大使格拉斯比向萨达姆表示："我知道你需要资金。我们很了解，而且认为你该获得重建你们国家的机会。我们无意看到阿拉伯国家之间有冲突，就像你们跟科威特的领土争议……"萨达姆认为格拉斯比的意思是说，如果他出兵科威特，美国不会出面干预，他因此胆子变大。再加上他认为莫斯科当局可能会略助一臂之力，结果在 8 月 2 日下令出兵。

沙特阿拉伯在一旁密切关注。沙特阿拉伯以逊尼派为主，但东边产油区的少数什叶派有时会变得激进好战。先前伊拉克与伊朗交战期间，由于沙特阿拉伯和伊拉克同样害怕伊朗的什叶派，两国关系变得友好密切。1989 年，战争结束不久，两国政府签订互不介入与互不侵犯的协议。然而两国虽然有共同利益，但彼此不信任。沙特阿拉伯担心万一伊拉克爆发什叶派革命，也许会波及沙特阿拉伯，只好被迫与萨达姆合作，但又担心萨达姆可能认为这个地广人稀的邻国很好欺负，在直取科威特以后想进一步吞并沙特阿拉伯。

在伊拉克入侵科威特的 4 天以后，也就是在老布什总统表示这次入侵行动“不可容忍”的隔天，美国国防部长切尼（Dick Cheney）与沙特阿拉伯国王法赫德（Fahd）会面。双方各有盘算，法赫德担心萨达姆入侵自己的国家，美国则想把萨达姆赶出科威特，需要替美军找个根据地，结果沙特阿拉伯成为最佳的选择：对美国而言很方便，对沙特阿拉伯而言则能获得保护。不过他们动作要快，毕竟伊拉克大军离美军所需的机场与港口不到 500 千米。

这显然是两全其美之计，却也有些棘手。美国要求沙特阿拉伯准许数十万名美军进入伊斯兰最重要的圣地，但即使沙特阿拉伯面临危险局面，这要求仍难以接受。结果，美方只花几小时即说服法赫德，也许法赫德原本就会同意。总之，他核准了。

美国劝萨达姆退出科威特却徒劳无功之后，老布什总统说服 30 多个国家联合出兵反制，美军就占 3/4 的兵力（这场战争的花费有 60% 是由沙特阿拉伯、科威特与其他阿拉伯国家支付）。联合国安理会同意“采取一切必要手段”把伊拉克大军赶出科威特。1991 年 1 月中旬，美国国会同意出兵。

1 月 17 日，美军空袭伊拉克。2 月 24 日，美军进入科威特。100 个小时以后，战事结束。同年 4 月，联合国安理会通过停火协议，伊拉克承认科威特的主权，放弃所有核武器与生化武器的持有与制造，并同意接受武器检查。

第二次波斯湾战争刚结束，伊拉克南部的什叶派认为美国会承诺支持他们，开始反抗萨达姆，至于北方的库尔德族人也获悉美国会出手相助，觉得机不可失，纷纷响应反抗行动。然而，美国期望的其实是萨达姆政府内部出现政变，并未出面支持这两场暴动。

政变并未发生。这两场暴动没有美军助阵，因而遭到萨达姆镇压。

第二次波斯湾战争余波荡漾。停火以后，美国与英国封锁伊拉克的空域。伊拉克极力抵制武器检查，双方敌意在1998年短暂升高，之后伊拉克拒绝接受武器检查，直到2002年才重新恢复。此外，伊拉克军方时常在空域里与英美两国的战机互相开火。

萨达姆并未遵守停火协议，不惜与美国闹翻，最终在12年后再度开战，也就是现在惯称的伊拉克战争。

外界对小布什政府为何决定在2003年3月与萨达姆再度开战有诸多揣测：因为萨达姆违反停火协议；因为萨达姆发展核武器；为了报复萨达姆先前策划暗杀老布什的举动；为了宣扬民主；为了替两伊战争彻底收尾；基于人道理由（亦即推翻这个压迫人民的残酷暴君）。当然，对大多数高举“别为石油流血”抗议牌的反伊战分子而言，原因只不过是石油巨擘要求美国政府抢下伊拉克的石油。

这些揣测也许有道理，但有一个非常重要的隐秘原因罕有人提。

虽然掌控石油是一个不错的额外好处，但这个非常重要的原因跟石油本身无关，而是要维护油元体系。

石油输出国组织的成员国原本都以美元为石油的定价标准，不敢违反油元体系，但这局面在2000年11月开始松动。此外，虽然美元仍是国际储备货币，但美国占全球经济的比重逐渐缩减，对全球政治经济局势的影响力减弱，这些都削弱美元的地位。尽管国际贸易目前仍无法摆脱美元，不过全球都广泛认为未来必须摆脱。

讽刺的是，这事美国自己也该负责。美国主导对伊拉克的石油禁运制裁，但外界抨击说伊拉克的无辜民众不应受池鱼之殃，于是克林顿政府同意一项“石油换食物”计划，许可伊拉克民众用卖油赚到的钱购买食物、药物与日常必需品。

2000年11月，法国和德国等数个欧盟成员国与萨达姆联手反抗油元体系：他们买油，伊拉克买食物，但用的不是美元而是欧元。接下来6个月，许多国家纷纷有意不再以美元买卖石油，例如俄罗斯、印度尼西亚、委内瑞拉、伊朗都自行摸索如何避开油元体系。2003年3月，美军入侵伊拉克。短短两个月以后，伊拉克新政府宣布石油将再度只以美元交易。

## 库德斯坦：独立之路

库德斯坦是在地图上找不到的“国家”，“国民”有2500万人，是全球最大的无国家族群。

第一次世界大战结束以后，库尔德族人硬被划分进数个国家。后来英国保证他们能有自己的国家，但这个诺言至今仍未兑现。如今库尔德族人在一整片广大区域里为多数人口，包括土耳其东南部、伊拉克北部与伊朗西北部，在许多国家则是主要的少数民族，包括亚美尼亚、佐治亚、叙利亚与阿塞拜疆。

他们不肯融入所处的国家，因而遭受迫害。伊朗禁止他们取库尔德族名字。许多土耳其人把他们当作吉普赛人，土耳其政府则否认他们是一支独立的民族，官方说法（这可不是玩笑话）是：库尔德族人是在山区迷路并忘记自己身份的土耳其人。在伊拉克北部的产油区，库尔德族离独立建国只有一步之遥，但也许正因为如此，他们遭受最差的对待。

萨达姆担心库尔德族与伊朗联手对抗伊拉克，于是展开屠杀行动，包括使用化学武器，丧生的库尔德族人超过5万人，甚至可能达到20万人，2000个村落毁于一旦。萨达姆还赶走基尔库克市里的库尔德族人，将伊拉克中部与南部的阿拉伯人移居该城，试图“阿拉伯化”。

2003年的伊拉克战争期间，库尔德族人加入美军的行列，攻击巴格达的萨达姆政府，伊拉克新政府至今怀恨在心。在那之后，库德斯坦自治区政府好不容易才与巴格达中央政府达成休战协议。

萨达姆政府把库尔德族人当成有可能颠覆政权的死敌，伊拉克新政府则认为他们是不断挑战政府威信的少数族群。

库德斯坦自治区是库尔德族人离独立自治最近的地方。库德斯坦自治区政府设立于1972年，是一个古怪的半自治政府，位于伊拉克北部，跟伊拉克政府保持一定距离，有自己的武装部队，但依赖中央政府提供预算，库尔德族人很想摆脱这种依赖关系。

他们正在迈向成功。库德斯坦自治区是伊拉克相当成功与稳定的区域——在西方人眼中，是伊拉克比较和平的区域。虽然94%的库德斯坦人属于逊尼派，但对其他教派颇为包容，不像伊拉克其他地区深陷教派冲突之中。

巴格达当局宣称库德斯坦产的石油属于中央政府所有，但库德斯坦自治区反对。从实务方面来看，谁有办法把石油交到买主手上，谁就是这场论战的赢家，而最近，库德斯坦自治区做到了这一点。

在美国入侵与控制伊拉克的十年间，外国石油公司退出伊拉克。近来美国逐渐撤军，伊拉克政府开始计划采油，想跟外国石油公司签订许多高达数十亿美元的合作协议。伊拉克政府的目标颇具野心：2017年以前，石油日产量要达到800万桶（2004年时才240万桶）。起初外国石油公司争先恐后抢签，认为可以大赚一笔，结果却不如预期。

伊拉克政府犯下小孩子常犯的错误，在跟外国石油公司交涉时狮子开大口，要求他们提供发展伊拉克广大油田所需的各种技术与数十亿美元资金，却只肯给一点甜头当作回报。尽管伊拉克的石油储量惊人，外国石油公司还是会要求起码的好处，但伊拉克政府却不清楚他们的最低要求在哪里。

艾克森美孚这家全球最大的石油公司转身离去，不再对高达1150亿桶的石油储量有兴趣，这清楚证明伊拉克政府不知如何留住最佳的合作伙伴。由于伊拉克政府太过小气，即使石油储量再高，艾克森美孚也无意玩下去，其他公司最后也认为不值得冒这个风险。伊拉克政府最终也没找到合作对象。

现在伊拉克政府只愿意签劳务合约，石油公司按生产的石油桶数拿到固定费用，获利的1%给石油公司自己，99%给伊拉克政府。

伊拉克政府开出的条件如此苛刻，简直是把石油巨擘当成雇员，吃相相当难看，像是要求国外的甜点大师自己采购原料，烤出蛋糕，涂上糖粉，切好端出来，还要说“谢谢”——不仅只领到最低工资，连小费也没有。

然而，有些油田太过广阔，即使石油公司只能分到1%的利润，换算下来收益还是不错的，例如英国石油公司就对鲁迈拉油田有兴趣。不过大体而言，这么苛刻的条件还是难以吸引外国公司，尤其伊拉克是饱受战火蹂躏的国家，开采油田会碰上不少困难。有些石油公司暂且接受，期望日后伊拉克政府会开出更好的条件，但期望只换来失望，如今石油巨擘正掉头离去。

他们把目光转向北方，库德斯坦自治区政府的管辖范围。不像伊拉克中央政府那样开出苛刻的条件，总之库尔德族人能从中得利。

库德斯坦自治区政府让石油业者能拿到获利的20%。在这里开采石油要冒政治风险，要背着巴格达当局行事，而且石油储量只占全国的1/3，但尽管如此，这个获利分配比例仍然诱人，胜过伊拉克的其他地区。库德斯坦自治区还有其他优势，那就是治安相对较好，基础建设相对完善，机场、高速公路与铁路都可以用，不会天天停电。

几家石油巨擘仔细评估在伊拉克南部可能丧失的机会，在与库德斯坦能得到的利益权衡比较后，决定转为与库德斯坦合作。事后来看，他们这样做如同协助库德斯坦追求长远的目标，那就是掌控自己的石油资源，朝独立建国迈进。

世界最大的三家石油巨擘，也就是艾克森美孚、雪佛龙与道达尔石油公司，都与库德斯坦自治区政府签下合约，另外30多家较小公司随之跟进。在伊拉克中央政府看来，这些合约并不合法，简直没把中央政府放在眼里。

目前中央政府的报复手段只是经济反制，还不包括出兵，相关警告包括：“任何公司倘若未经（伊拉克）石油部许可，擅自与库德斯坦自治区政府签约，该合约无效且应中止。”

根据这项政策，伊拉克政府在2012年禁止艾克森美孚与雪佛龙在伊拉克开采石油，中止艾克森美孚在西古尔纳一号油田（石油储量为80亿桶）的开采计划，还要求道达尔石油公司撤出库德斯坦，否则尽管其在伊拉克南部的哈法亚油田已开始产油，开采权仍将收回。

这三家公司的发言人并未公开回应，但其中一家公司的某位高层私下表示：

> 我们完全明白一旦与北边签约，在南边大概就结束了，但问题在于：我们在南边是不是完全找不到可以接受的合作条件呢？对已在北边的公司来说，答案是：没错。

土耳其也认为伊拉克中央政府难以掌控北部。2013年春季，土耳其国家石油公司与艾克森美孚签约，联手在库德斯坦开采石油，库德斯坦的石油从此能通过土耳其的油管直接输往全球市场。

在库德斯坦开采石油，不只跟在别处一样要面对地质、技术与经济风险，还面临政治与军事层面的不确定因素。这个自治区碰上巴格达中央政府不见得能成功维护自身权益，但显而易见的是，目前数家石油巨擘愿意在此冒险采油，即使放弃伊拉克其他地区的广大油田也在所不惜。

这会引起严重的政治后果。伊拉克总理直接向白宫针对艾克森美孚与雪佛龙告状。尽管奥巴马“劝石油公司勿与库德斯坦自治区政府签约”，但华府官员承认这些公司还是会依照经济利益做决定。

库德斯坦令伊拉克政府十分头疼。伊拉克政府大可照样开出小气的劳务合约给有意协助开采石油的外国公司，把与库德斯坦签约合作的公司拒于门外。但这样一来，外国公司只好选边站，而只要越多的公司选择与库德斯坦合作，库德斯坦的自治程度就越高。

假设目前的伊拉克政府继续掌权，眼前有两个选项。

一个做法是提出较合理的获利分配条件，借此减少外国公司与库德斯坦合作的诱因。只要条件合理，艾克森美孚与雪佛龙自然想合作。

另一个做法是经过协商把石油开采权完全转给库德斯坦，再从他们的石油获利里抽取分成，但这会让库德斯坦的自治权更加稳固。这样做并非不可能，但有鉴于伊拉克政府的无能，采用的概率恐怕微乎其微。

在石油巨擘看来，这些选项几乎没差别，都很不错。如果伊拉克政府执迷不悟，他们就与库德斯坦合作；如果伊拉克政府回心转意，他们就跳过去开采伊拉克的广阔油田；如果伊拉克政府与库德斯坦化解矛盾，他们就同时与两边都合作。

石油在各地都带来可观利益，往往也带来政治纷争，在这里大概也是如此。借助提供合理的合作条件，库德斯坦已吸引到艾克森美孚、雪佛龙、道达尔等诸多石油公司，获得实质协助，朝完全自治的目标迈进。

石油公司的目标是获利，而他们能签约证明了库德斯坦自治区政府拥有当地石油的开采权，将来库德斯坦的老师也许会对学生说艾克森美孚是大恩人。

## 阿富汗：北极熊摔跤

从地理位置来看，阿富汗位于中亚而非中东。我把阿富汗拉进来谈是因为它夹在俄罗斯与西方之间，扮演关键角色。

1978 年 4 月，阿富汗爆发一场名为“沙尔革命”的军事政变，阿富汗人民民主党取得政权。这个新政权奉行社会主义与世俗主义，第一步是把国名改为“阿富汗民主共和国”，接着与苏联签订“友好睦邻合作条约”，两国关系大幅拉近，美国驻阿富汗大使见状向华府汇报说：“北极熊往南越过了兴都库什山脉。”

之前大博弈期间，英国始终大力阻止苏联这般扩张势力，如今美国对此同样高度关注。美国认为“沙尔革命”代表苏联帝国已往南扩张，许多华府人士觉得要扭转局势。

阿富汗长年混乱，各派互斗，新政权的第一年自然走得跌跌撞撞，既要处理党内的各派角力，也要面对外面的反对势力。逃兵问题相当严重，其中不少人加入叛军阵营。

新政府依据条约向莫斯科求援，苏联派出顾问到阿富汗，跟当年美国派顾问到越南差不多。接下来，红军在当年 12 月首度跨越国界，有十万大军进入阿富汗。兵力十分庞大，但要击败世界上数一数二难缠的阿富汗叛军根本不够。

苏联想援助阿富汗军队，让现有的亲苏政权好好掌控国家，进而让阿富汗民众心向亲苏政权，但两国军队的合作状况一塌糊涂。苏军想让阿富汗士兵当炮灰，自己的士兵却躲在坦克里，结果反倒使阿富汗士兵士气低落，更多的士兵投向敌营。

这场战争打了 9 年，耗费巨资，许多国家（以美国与沙特阿拉伯为主）提供资金与武器给反苏的阿富汗圣战游击队。虽然所有圣战游击队都有一个共同对手，但彼此却难以合作，大多与 7 个流亡国外的反叛组织联手，还从巴基斯坦招募士兵。此外，各地军阀也有自己的军队，各自进行小规模战事。

英国作家赫胥黎说：“我们从历史学到的最大教训，就是我们几乎没学到任何教训。”苏联本该从美国在越战的失利中学到诸多教训，但他们似乎一无所知，仍贸然出兵阿富汗。

苏联渐渐深陷泥潭，胜利无望，甚至没有有效反制游击队的战术，就连与中国、沙特阿拉伯的关系也受影响，国库逐渐见底，国内出现反战情绪。1986 年，美国提供“刺针”导弹给阿富汗游击队，苏联从此失去制空权，撤军只是迟早的事。1989 年，苏联终究撤军。这场可耻的败仗不只让苏联折损金钱与兵力，也打击国内民心，导致日后的瓦解。

普京在圣彼得堡目睹了一切，从中确实吸取了教训。他知道最好不要开战，但如果非得开战，务必全力求胜，就像 1999 年 10 月他对车臣采取焦土策略那样。

他凭阿富汗战争验证自己那逐步发展出来的大计：掌握能源。只要你掌握能源，就能赢得最关键的经济战，不太需要派兵展开可能深陷泥潭的战事。美国政府也犯了同样的错误。根据推测，协助阿富汗圣战士有助提升伊斯兰世界对美国的印象，结果却非如此，美国不仅没有赢得新盟友，反而让本·拉登领导的基地组织获得武器顺势崛起。华府似乎没有料到，一旦俄罗斯人离开，阿富汗圣战士会把矛头再度指向西方。

这般提供现代武器给阿富汗圣战士，堪称美军与红军最直接的一次交战。阿富汗地形为陆地包围，主要由各个中世纪军阀把持，弥漫仇外情绪，毫无石油与天然气，千年来以“帝国的坟墓”闻名，为什么美国要花大钱冒险介入呢？

第一，华府提供资金与武器给阿富汗圣战士是想给苏联制造麻烦。

第二，虽然阿富汗缺少能源资源，但矿藏丰富，包括铁矿、铜矿、锌矿、钴矿与金矿，还有锂矿与稀土等工业所需的重要金属，储量相当惊人。阿富汗可谓全球名列前茅的重要矿业中心：五角大楼分析人员称之为“锂矿界的沙特阿拉伯”（2010 年，美国地质调查所表示美国地质学家在阿富汗“最近发现”大量未开发矿藏，价值高达 3 兆美元左右。其实早在 1985 年，阿富汗地质调查部就提到过国内的矿藏丰富，估计是与苏联合作勘探的）。

第三，阿富汗位处丝路管线计划的路线上。丝路管线计划从里海与中亚地区把石油和天然气输往阿拉伯海，避开苏联领土。这条路线当然也能把阿富汗的矿产以铁路往南运到巴基斯坦临近阿拉伯海的深水港“瓜达尔港”。

1995 年 3 月，土库曼与巴基斯坦政府针对跨阿富汗管线签下谅解备忘录。7 个月以后，土库曼总统与尤尼科石油公司、沙特阿拉伯戴尔塔石油公司签下协议，特许这两家公司合资的中亚天然气公司在土库曼境内修建这条管线。

1997 年，塔利班代表团在德州停留数日，尤尼科石油公司高层最终答应让中亚天然气公司培训阿富汗当地人兴建管线的技术。1998 年 1 月，塔利班选择与中亚天然气公司签约合作，而不是与阿根廷的布里达斯石油公司签约。然而，事情在阿富汗永远不会像表面上那么简单。

当苏联撤军以后，阿富汗政权由各方势力竞逐，最后塔利班压倒群雄，稳稳控制阿富汗首都喀布尔，但下层平民组成的反抗组织“北方联盟”实力很强，仍在顽抗。由于塔利班在重要的跨阿富汗管线计划上显然与美国站在同一边，而且属于逊尼派的原教旨主义分子，美国认为正好可以抗衡邻国伊朗的什叶派。

事情看似发展得很顺利。克林顿总统认为塔利班至少还算倾向西方，因此支持由他们掌握阿富汗政权。不久以后，美国国务院和巴基斯坦军事情报局提供武器与资金给塔利班，协助他们击败北方联盟。

1998 年 8 月，一切急转直下。肯尼亚首都内罗毕与坦桑尼亚旧都达累斯萨拉姆的美国大使馆遭炸弹袭击，幕后元凶为本·拉登。当塔利班领导人奥马尔（Mullah Mohammad Omar）表示塔利班完全支持本·拉登时，所有管线协商立刻中止。

这其实并不令人意外。塔利班原本就与基地组织关系密切，而基地组织早在 1993 年就涉及纽约世贸中心的爆炸案。

无论如何，美国与塔利班的关系已降至冰点。虽然塔利班不再与美国联手兴建管线，却可能另觅合作伙伴，例如俄罗斯（俄罗斯天然气工业公司是中亚天然气公司的原始股东，只是后来退出）。美国有理由把出兵列为选项。

接下来，2001 年爆发"9·11"事件，对阿富汗出手可谓师出有名，基地组织与本·拉登是这起恐怖袭击的罪魁祸首，塔利班形同共犯。美国出兵阿富汗，表面上是要歼灭基地组织，其实是要严惩塔利班政权。

然而，包括入侵在内的军事布局可能早在"9·11"事件之前就开始沙盘推演。巴基斯坦外交部部长纳科（Niaz Naik）向英国广播公司（BBC）透露，美国高层官员在 2001 年 7 月中旬告知他说，美军最迟会在 10 月中旬（下雪以前）对阿富汗采取军事行动。

纳科表示首要目标是干掉或活捉本·拉登与塔利班领导人奥马尔，但背后更大的目标是把塔利班赶下台，以较不激进的临时政府取而代之，也许找阿富汗末代国王查希尔（Mohammed Zahir Shah）重掌政权。

随后在 9 月 4 日，第九号国土安全总统指令的纸本送到小布什的办公桌，只等他签名同意。这个指令要求美国国防部长规划军事行动，"攻击阿富汗境内的塔利班据点，打击其领导总部、指挥部、空军与防空基地、地面部队与后勤系统"，并"攻击基地组织与相关恐怖组织在阿富汗的根据地，打击其领导总部、指挥通信部、训练基地与后勤系统。"

小布什等到 10 月 25 日才签名，内容稍经修改，前言提及"9·11"

事件。

接着美国开战：不仅要把恐怖分子赶出巢穴轰炸殆尽，还要教训塔利班不该包庇与支持恐怖分子，更要与北方联盟联手向喀布尔全力猛攻，推翻塔利班，以亲美政权取而代之，摧毁基地组织的根据地，在新的“民主政府”出现之前先占领这个国家，还要协助游击队与反对势力长期持续交战。除此之外，是否还有与能源有关的目的呢？

或者换一个问法，油管计划现在怎么样了？

2002年12月，阿富汗、巴基斯坦与印度的领导人签订另一个协议，计划兴建1400多千米的丝路管线。2005年，亚洲发展银行把英国潘思本公司做的可行度评估报告转交给这三个国家的政府。当时的美国驻土库曼大使雅克布森表示：“我们相当关注这项计划，美国企业很可能会加入。”2010年12月，数个国家再与土库曼签约购买天然气，如今印度也加入其中，这条土—阿—巴—印输气管的终点会在印度。但工程已停止。由于规划路线经过阿富汗南部的塔利班控制区域，土—阿—巴—印输气管的可行性仍待确认，参与集资、兴建与营运的企业纷纷却步。这项计划的金额高达80亿美元，却有可能因为面临塔利班的威胁，所以很少企业愿意冒险投入。

这个输气管计划延续超过十年，但未遭放弃。土库曼的天然气储量居全球第四，土库曼总统很想替国家打开新市场，自信满满地认为在2014年年底以前终将谈妥协议，2015年即可动工。

## 叙利亚：为何我们该关注

逊尼派占叙利亚总人口的72%，属于什叶派分支的阿拉威派仅占11%，但叙利亚政府却把持在阿拉威派的手中，至于什叶派其他分支占7%，基督教派占10%。逊尼派里包括250万名库尔德族人，他们根据法律不具公民身份，不得就读公立学校，也不得工作。

总统小阿萨德（Bashar al - Assad）的家族已统治叙利亚达50年，从叙利亚阿拉伯复兴社会党在1963年凭政变取得政权开始算起。其他少数派民众觉得与其由占多数的逊尼派统治，还不如由阿拉威派统治，但逊尼派民众则长年抗争。其他逊尼派政权深表同情，期望看到阿拉威派丢掉政权，沙特阿拉伯尤其这样希望，至于伊拉克与伊朗这两个什叶派国家则希望阿拉威派继续执政，伊朗的盟友俄罗斯也是如此。

这局面完全与民主无关。占多数的逊尼派长年容忍阿拉威派掌权，因为阿拉威派的人数很少，不至于实施太过残酷的极端暴政。阿拉威派全力紧握政权，因为他们担心如果逊尼派抢下政权会出手消灭他们。极端少数想控制多数，唯有一个策略可行：先采取适度残暴的统治手段，当面临挑战以后，再采取极度残暴的统治手段。

现任总统小阿萨德是从他父亲老阿萨德（Hafez al－Assad）那里接下总统大位的，而老阿萨德在 30 年统治期间发动过一次军事行动，套用前英国外交大臣里夫金德（Malcolm Rifkind）的说法是："在现代中东地区，从来没有任何阿拉伯政府会拿出这种无比恐怖的手段，残酷对待自己的人民。"1982 年，老阿萨德派兵到哈马市镇压逊尼派穆斯林发起的抗议行动，整座城市几乎遭炮火夷为平地，死亡人数超过 1 万，甚至很可能高达 8 万。

在哈马市大屠杀过后的将近 20 年间，叙利亚境内没人敢出声反对政府。2000 年，老阿萨德过世，其子小阿萨德接任总统，答应推动改革，但却光说不做，反倒延续他父亲对异己分子绝不宽容的强硬态度。

叙利亚在名义上是一个共和国，但政府在过去半世纪宣称国家处于紧急状态，随心所欲逮捕与拘留任何人，警察时常采取严刑拷打，数千民众人间蒸发，异己分子随时可能消失无踪。

叙利亚军方听命于阿拉威派。在"阿拉伯之春"革命运动爆发期间，突尼斯与埃及军队不会听从上头命令滥杀抗议民众，相形之下，叙利亚军队知道自己的命运跟小阿萨德系在一起，如果他垮台，他们大概也惨了，因此对他忠心不二，只要他要求对逊尼派民众下手，他们二话不说马上唯命是从。

叙利亚的民怨在过去 20 年逐渐升温，在 2011 年开始达到沸腾。

那年稍早之际，普京认为叙利亚即将爆发内战，但不确定小阿萨德能否应付，因此试着邀请双方上谈判桌，俄罗斯与美国一并加入。普京预先定下两个规定：第一，俄罗斯与美国平起平坐；第二，无论是叙利亚的未来走向，还是过渡政府的组成方式，完全交由叙利亚自己决定，即使最终决定不符合美国的利益，美国也不得干涉。

叙利亚与伊朗走得很近，而且美国必须安抚沙特阿拉伯，因此华府回绝这项邀约，反而选择煽动叛变，资助反叛分子。战事越拖越久，血腥冲突越来越厉害，美国政府开始面临出面干预的压力。2013 年，证据显示小阿萨德以化学武器残杀数千民众，奥巴马似乎准备对叙利亚政府发动导弹攻击。

普京既不想为此事与美国敌对，又不想站在一旁任由美国轰炸俄罗斯的盟友。在最后关头，他提议小阿萨德放弃所有化学武器，美国则保证不采取直接军事行动。结果提议获得采用，奥巴马并未下令攻击。

这是很漂亮的外交处理危机。普京巧妙地避开与美国的冲突，同时向阿拉伯世界释放善意，显得调停有功。

那我们到底为什么要关注叙利亚这个小国呢？为什么美国要插进来站在其中一边？为什么西方世界准许土耳其与叙利亚军队在边境起冲突？

美国关注的原因是叙利亚几乎直接或间接涉及中东的所有冲突。在叙利亚看得到的中东的各种纷争：逊尼派与什叶派之争、阿拉伯人与以色列人之争、波斯人与以色列人之争、波斯人与阿拉伯人之争，甚至连基督教徒也来与阿拉威派结盟。中东的各方势力在叙利亚都有代表、盟友与仇敌，叙利亚牵一发而动全身，足以影响各国局势，包括以色列、沙特阿拉伯与各波斯湾产油国等。

首先最重要的是，叙利亚与伊朗、黎巴嫩真主党结为联盟，这三个什叶派势力敌视沙特阿拉伯与其他逊尼派势力，还为个别原因憎恶以色列与西方世界。

这个联盟揽下了很多事情。他们提供资金与武器给加沙的哈马斯，哈马斯与真主党的领土都与以色列接壤，对以色列恨之入骨。真主党会派兵到叙利亚境内协助镇压反抗分子，伊朗亦然。

俄罗斯也有关注叙利亚的理由。

其中一个理由是塔尔图斯。阿拉威派政权让俄罗斯海军使用塔尔图斯的海军基地，这是俄罗斯在以前的苏联地区以外唯一掌握的军港，因此俄罗斯支持阿拉威派政权，每年出售 1.5 亿美元的武器给叙利亚，派遣军事与技术顾问协助维护武器，并把武器用法传授给叙利亚士兵。

2014 年 1 月，普京与小阿萨德展开更密切的合作，提供坦克、监控器材、雷达、电子作战系统、备用直升机、无人战机与制导炸弹，还宣称武器出售只是某个长期商业协议的一部分。

俄罗斯或许会协助叙利亚建立防空系统。如果叙利亚确实拥有这些系统，无论西方世界想封锁叙利亚的空域，还是对小阿萨德当局采取处罚性空袭，都必须耗费更多的时间与金钱。而且如果俄罗斯的人员确实涉入其中，这类处置将冒极大风险，任何俄罗斯人员的伤亡都可能对地缘政治带来难以估计的后果。

当然与能源利益也有关系。

首先是石油开采。2013 年 12 月，俄罗斯联合油气公司与叙利亚石油部签下 9000 万美元的合约，在叙利亚一片约 2200 平方千米的海滨区域勘探与开采石油。

更重要的利益是，叙利亚处在中心地点，一边是盛产能源的中亚与中东，一边是亟须能源的欧洲市场。如果小阿萨德垮台，新政府也许会同意让卡塔尔便宜的天然气经过叙利亚境内输送到地中海，从而削弱俄罗斯天然气工业公司对欧洲天然气市场的掌控程度。

最重要的是，叙利亚深深影响中东局势。普京是在弈棋，他知道只要在叙利亚下对棋子，足以影响整块区域里的任何一个产油国。

俄罗斯政府始终审慎关注土耳其境内高涨的伊斯兰浪潮。普京认为保护小阿萨德的政权，等于保护俄罗斯的国家安全。

俄罗斯不希望小阿萨德政权在内战中败下阵来，但倒不在乎战事延续多久。这场仗打得越久，任何通过叙利亚的管线兴建计划就延迟得越久，普京就能趁机多建几条输气管，加深欧洲对俄罗斯天然气的依赖程度。此外，这场仗打得越久，俄罗斯就能卖越多的武器给叙利亚。这是俄罗斯能从中东任何问题里得利的另一个例子。

俄罗斯的南方输气管即将完工，之后能从俄罗斯输送天然气到意大利（途经黑海、罗马尼亚与希腊）。跟北方输气管一样，南方输气管绕开乌克兰，省去所有相关麻烦。南方输气管的主要竞争对手是计划中的跨安纳多利亚输气管，这条输气管计划贯穿土耳其，让阿塞拜疆沙阿丹尼斯天然气田里的大量天然气得以输往欧洲。

叙利亚仍在内战，有时战火波及土耳其境内，因此跨安纳多利亚输气管的兴建工程难有进展——而且之后普京会出手让阿塞拜疆难以把天然气输往南欧。

普京很想让小阿萨德继续掌权，美国则很想让他垮台。美国长期以来有意削弱什叶派联盟，从而降低伊朗对沙特阿拉伯的威胁程度。

为求破坏什叶派联盟，美国暗中介入叙利亚内战。美国中情局坐镇土耳其南部，协助盟友（主要是沙特阿拉伯）决定哪个叙利亚反抗势力能归为友方并获得武器与物资，再由土耳其、沙特阿拉伯与卡塔尔出资，华府就可以否认提供武器给叛军。

这项任务要顺带讨好一些特殊组织，例如叙利亚的穆斯林兄弟会。但至少美国极力避免提供武器给更棘手的势力，像基地组织、努斯拉阵线、逊尼派叛军、ISIS 组织，后者想把整块区域变成哈里发国。这些组织都把经历过伊拉克战争的有战斗经验的老兵找来加入混战。

对华府与媒体而言，一大重点是把俄罗斯描绘成叙利亚混战的祸首，普京则是残酷无情的独裁者，才会跟半斤八两的小阿萨德站在同一阵线。然而，叙利亚的实际局势比这更加错综复杂。

美俄两方在叙利亚内战上都如履薄冰。美国将赌注押在小阿萨德的敌手身上，但如果他们真的掌权，难保不会比小阿萨德更加棘手难缠。普京既要对阿拉伯世界展现善意，又要支持多数阿拉伯人与逊尼派厌恶的什叶派独裁者。

## 巴林的重要性

巴林这个岛国虽很小，但重要性却很大。

巴林各教派的人数比例几乎是叙利亚的颠倒，什叶派占总人口的70%，却是由逊尼派君王统治，从1783年至今都是如此。跟叙利亚一样，多数民众始终愤恨不平。

虽然巴林的石油产量不高，每日仅产5万桶，却依靠地理位置赚进大笔财富。巴林位于沙特阿拉伯与伊朗之间，对荷姆兹海峡占据有利的军事与商务位置，而全球有20%的石油是经荷姆兹海峡转运。巴林的深水港位置绝佳，供来往于波斯湾中部与北部的货船停靠，还是沙特阿拉伯唯一一条国际油管的终点。

也许最重要的是，世界最大的海滨石油装卸设施“拉斯坦努拉复合平台”就在一旁，仅距离100千米。这个平台为沙特阿拉伯所建，沙特阿拉伯生产的石油有75%从这里出口，必然经过巴林。

巴林离沙特阿拉伯的海岸不到25千米，沙特阿拉伯与其他盟友显然不希望巴林的什叶派受到伊朗的什叶派影响，因此尽管逊尼派在巴林是少数，不过沙特阿拉伯王室仍希望巴林目前的逊尼派政权持续执政。

这也许不容易。从“阿拉伯之春”爆发以来，巴林始终局势紧张。2011年的前几个月，抗议民众不满巴林国王哈马德（Hamad Bin Isa Al－Khalifa），扬言展开暴动，沙特阿拉伯连忙出手并寻求美国协助。他们派遣1500名兵力协助镇压，阿拉伯联合酋长国另外派遣500名兵力。

部队以惯用方式镇压民众，时常四处盘查，把人抓进监狱，闯进民宅搜索，有人被虐，有人消失，有人死亡，什叶派清真寺遭受破坏。

美国与沙特阿拉伯支持巴林国王，俄罗斯则不愿选边站。你绝对可以想象，如果巴林国王垮台，普京会跑来成为什叶派的挚友，但目前他无意得罪逊尼派。2014年4月，巴林储君萨尔曼（沙特阿拉伯国王）（Salman Al－Khalifa）奉国王之命首次造访克里姆林宫，设法提升与俄罗斯的关系。双方会面以后，俄罗斯直接投资基金与巴林王国主权基金签下谅解备忘录，巴林航空从此可以直航莫斯科。

巴林王室仍稳握政权，但大规模示威抗议始终不断，警民不时爆发冲突，甚至有民众使用莫洛托夫燃烧弹，局势持续动荡至今，真难保政权不会一夜变天。

# 以色列

以色列是美国在中东最紧密的盟友，获得最多援助，任何美国总统候选人都必须承诺大力支持以色列。

奇怪的是，美国总统不常出访以色列。拿最近几任总统来说，出访次数最多的是克林顿（4 次），小布什出访两次，里根与老布什一次也没有，奥巴马是在第二任才首次出访。

普京出访以色列两次，称呼以色列为“说俄语的国家”。这个讲法可没你想象中的奇怪。大约半数以色列人是来自俄罗斯与东欧的犹太人及其后代。

虽然俄罗斯支持伊朗、哈马斯与叙利亚的小阿萨德，以色列认为与俄罗斯交好终究利大于弊。两国在许多方面关系密切。

讲俄语的以色列人占总人口的 20%，很有政治影响力，而且每年还有 1 万名犹太人从俄罗斯搬到以色列。双方的经济交流日益密切，每年的双边贸易额达到 30 亿美元，在自由贸易协议如期签订以后金额还会增加。俄罗斯观光客让以色列赚得眉开眼笑，每年观光人数超过 60 万人，仅次于美国。以色列外交部部长利柏曼（Avigdor Lieberman）在苏联出生，与莫斯科保持密切关系。也许最重要的是，以俄两国都长期面对阿拉伯国家的威胁，对恐怖主义持强硬态度。

俄罗斯在 2008 年与格鲁吉亚开战期间，以色列顾虑到俄罗斯的感受，中止与格鲁吉亚的武器买卖。这是很友好的举动。格鲁吉亚当时的国防部长生于第比利斯，父母都是犹太人，后来举家搬到俄罗斯，在 1992 年再搬回以色列，他原本都从以色列采购武器，在这次中止买卖之前，以色列先后把无人飞机与火箭发射器等武器卖给格鲁吉亚。

俄罗斯吞并克里米亚后，以色列不置一词。2014 年 3 月，以色列拒绝参与联合国大会就克里米亚公投问题举行的投票。

许多年来，以色列的命门是能源——更准确来说是缺乏能源。以色列总理内塔尼亚胡（Benjamin Netanyahu）开玩笑说，摩西花 40 年带领族人穿越沙漠，却来到全中东唯一不产石油的地方。在2000年以前，以色列花数十年勘探石油却几乎一无所获，每年得花国内生产总值的5%向阿拉伯邻国购买燃料。

这些正在改变。以色列的海域发现数兆立方英尺的天然气，陆地则发现2500亿桶页岩油。以色列能否成为产油大国仍未可知，毕竟离确知这些页岩油的经济效益还早得很，但以色列正准备靠出口天然气好好赚一笔。

比赚钱更重要的是，以色列展现出新的政治实力。新朋友或潜在生意伙伴开始造访以色列，连先前对以色列避之唯恐不及的国家也纷纷造访。俄罗斯拔得头筹，俄罗斯天然气工业公司的子公司与黎凡特液化天然气营销公司签下20年合约，取得以色列塔玛海滨天然气田的液化天然气的独家购买权。

任何人想在这里开采天然气，都要面对虎视眈眈的其他国家，包括叙利亚、黎巴嫩、土耳其、希腊与塞浦路斯都想分一杯羹，对这片海滨天然气田提出不同的国界主张，想把部分区域划入自己国内，连哈马斯也插上一脚。

以色列的天然气故事始于2000年。美国的高贵能源公司与其他公司合作，在以色列外海90千米处的马里布海域勘探，经过9个月在数处开挖以后，发现1兆立方英尺的天然气田，并在2004年开始生产。以色列拥抱这个崭新的能源来源：天然气消耗量和生产量同步上升。

2006年，高贵能源公司迅速取得另一项开采权，在邻近的塔玛海域展开勘探作业。塔玛海域底下岩层的压力高得不比寻常，其他公司却步，但高贵能源公司赌对了，在2009年钻出两座勘探井以后，发现共计6兆立方英尺的天然气。这是那一年全球所发现的最大的深海天然气田，发现时间恰到好处。

自从发现天然气以来，以色列的天然气消耗量迅速增长，超过马里布天然气田的产量，天然气的发电量占总发电量的20%。邻国埃及有许多天然气可卖，在2005年启用东地中海天然气公司的输气管，连接埃及的能源中心与以色列的阿什克隆港。2008年，埃及每天输送2亿立方英尺的天然气给以色列。

然而，如今马里布天然气田逐渐枯竭，以色列与埃及的合作关系也岌岌可危。以色列与埃及在1979年签订和平协议，但签名的只是政府，而不是人民，包括穆斯林、阿拉伯民族主义者与左翼分子等许多埃及民众对和平协议并不认同。由于有和平协议，这条输气管才得以兴建与启用，但从以色列与埃及总统穆巴拉克（Hosni Mubarak）签下协议的那一天起，埃及民众就抨击那只是一个骗局。

2011年，一连串爆炸攻击使输气管停止供气，至今仍未修复，以色列不能靠埃及供应天然气了，埃及也无法靠以色列喂饱荷包了。

海滨天然气田的发现对以色列恰到好处。尽管埃及陷入混乱，马里布天然气田也逐渐枯竭，但规模较小的诺阿海滨天然气田开始生产天然气，随后塔玛海滨天然气田也投入生产。

马里布天然气田是重大发现，塔玛海滨天然气田是更大发现，但都只是前奏而已。高贵能源公司刚在塔玛发现6兆立方英尺的天然气，接着又在邻近的利维坦海滨天然气田击出超级全垒打。“利维坦”（leviathan）是“巨型海怪”的意思，这个天然气田没有愧对这个名字，天然气储量至少达到17兆立方英尺，甚至有可能高达25兆立方英尺。

高贵能源公司在利维坦海滨天然气田附近还发现许多较小的天然气田，进而把总储藏量推升至35兆立方英尺，甚至很可能远远不只如此。这大幅超过以色列国内的消耗量，可供出口到国外（见图10.2）。

高贵能源公司与合作伙伴计划兴建一座液化天然气厂，把诺阿海滨天然气田的天然气卖到欧洲与亚洲。这座液化天然气厂也许会采取浮在海上的设计，部分原因是以色列的临海土地十分珍贵。皇家荷兰壳牌集团正在澳大利亚外海兴建首座浮式液化天然气厂，高贵能源公司密切关注兴建过程。

对欧洲而言，以色列的液化石油气是俄罗斯输气管的替代方案。普京知道他无法不让以色列卖天然气，但能设法影响以色列的贩卖对象与利润高低。

其中一步是拉近俄罗斯与塞浦路斯的关系。虽然塞浦路斯是欧盟成

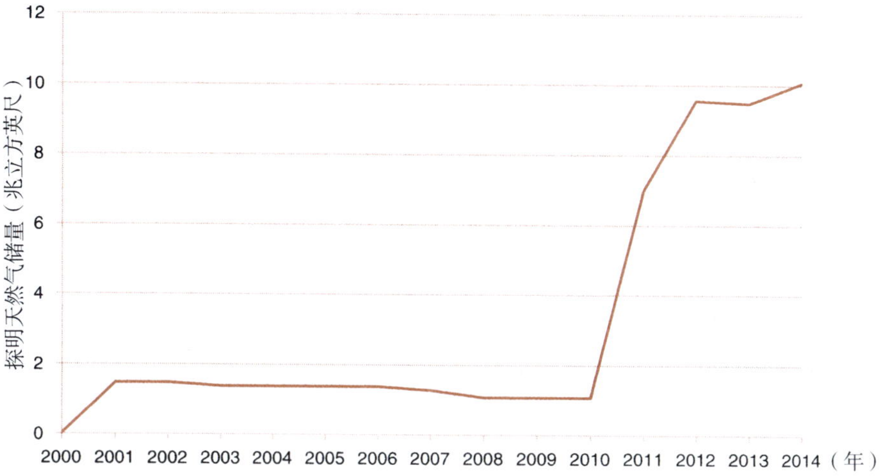


图 10.2　以色列的天然气储量

员国，但俄罗斯在塞浦路斯爆发金融危机之际借款 35 亿美元相助。

但真正有利的是与以色列、塞浦路斯合作。这样一来，俄罗斯或许能以输气管把天然气卖给欧洲，而且俄罗斯是全球液化天然气产业的龙头老大，在三方合作时能担任领头羊，把地中海的天然气液化后卖给蓬勃发展的亚洲市场大赚一笔，这类市场包括中国、印度与日本等，通过输气管把天然气输送过去并不是不可行。

以色列要开始生产液化天然气还得等很久，但俄罗斯动作很快，俄罗斯天然气工业公司在 2012 年与高贵能源公司签下一纸意向书，承诺日后将购买塔玛海滨天然气田的液化天然气。

2013 年年初，俄罗斯天然气工业公司签下 20 年的营销协议，日后将负责营销塔玛浮式液化天然气厂的产品。俄罗斯天然气工业公司正在筹划以色列的子公司，名为俄罗斯天然气营销公司，计划与瑞士贸易公司和黎凡特液化天然气营销公司一起投入营销工作。

据说俄罗斯天然气营销公司也参与利维坦海滨天然气田的勘探作业。

等到辽阔的利维坦海滨天然气田开始生产，以色列就能全力投入天然气出口业务。以色列为此正与塞浦路斯、希腊打好关系，才能通过输气管把天然气卖给欧洲。天然气似乎让以色列、俄罗斯、塞浦路斯、希腊利益一致。

虽然以色列跃居能源出口国，但阿拉伯国家仍会继续大发能源财，因为它们的能源开采成本足够低廉，以色列与其他国家的非传统能源则成本较高。然而，尽管阿拉伯国家仍能获利颇丰，但影响力却在减少。许多油管与输气管持续兴建，也许有一天全球将不再关注波斯湾地区的局势（除非有谁想大肆发展核武器）。

俄罗斯也一样。如果普京哪天被迫做出抉择，看是与伊朗继续结盟，还是与经济蓬勃发展的以色列结盟，他大概会选以色列。

当以色列开始大量出口能源，石油输出国组织定会第一时间做出反应，毕竟以色列将与它竞争欧洲的能源市场。

土耳其也必须做出抉择。2002 年，属于伊斯兰保守派的正义发展党取得政权，从此土耳其与以色列的关系每况愈下。如果土耳其继续对外抱持敌意，以色列则与俄罗斯、希腊与塞浦路斯相处融洽，土耳其将在东地中海面临政治孤立。

埃及也会对以色列的崛起很头疼。尽管许多埃及民众反对政府出售天然气给以色列，但至少国家有钱可赚。如今以色列自己也有天然气，埃及再也无利可图。

最后还有美国。如果以色列成为能源巨人，与许多国家关系友好，美国对以色列的重要程度就会下降。长远来看，如果以色列这个美国在中东最好的盟友倒向俄罗斯那一边，美国可谓损失惨重。

综观中东地区的各个势力，当以色列成为能源出口国以后，俄罗斯最有可能从中获益。

如今以色列有必要保护新发现的能源资源。2012 年年底，以色列国防军决定花约 7.5 亿美元添购四艘新战舰，以免外海的天然气田遭恐怖分子觊觎。

黎巴嫩真主党尤其可能用陆基式导弹攻击以色列的海滨采油设备，其他恐怖组织或许也有同样能耐。叙利亚则能以反舰导弹袭击。

以色列以务实著称，如今面对大小威胁，就算欢迎俄罗斯海军出面协防也不令人意外——尤其是如果以色列认为美国不值得信任的时候，更会这么做。

俄罗斯能从协防以色列中得到许多好处，比如与以色列的情报单位联手防范逐渐兴起的伊斯兰激进派，还可以投入以色列天然气田的开采。以俄结盟会有损普京与叙利亚、伊朗之间的关系，但普京也许认为终究利大于弊。一旦俄罗斯抛开叙利亚及伊朗，这地区的势力平衡将导向逊尼派，所有逊尼派与什叶派的冲突都受到影响。

综上所述，在这个政局围绕着能源打转的地区，以色列长年吃尽大亏，费力确保所需的石油与天然气能够得到供应，但困难处境不再，如今以色列握有大量天然气资源，不只自己改头换面，连整个中东地区与相关布局也面临剧变。以色列影响力大增，俄罗斯也许会换边站，伊朗头疼不已。埃及失去一大顾客，中东与全球局势面临改变。

## 岌岌可危的绍德王室

第一次世界大战以后，人人都明白石油在战场上和火药同样重要。油源充足不代表百战百胜，但油源不足终将面临失败。

沙特阿拉伯国王阿齐兹很明白这个道理。

综观历史，沙特阿拉伯这块区域多半地广人稀，零星散布几个部落，对周遭地区没有什么影响力，但 18 世纪中叶，阿拉伯半岛中部的奈季德地区兴起逊尼派的一个分支，称为瓦哈比派，持保守的原教旨主义。

瓦哈比派是由瓦哈比（Muhammad ibn Abd Al – Wahhab）创立，从保守尚古的角度诠释《可兰经》，认为阿拉伯半岛民众的道德有待提高，呼吁他们在真正的伊斯兰教下团结起来，取得政治权力。他获得绍德家族的资金与政治支持，持续扩张势力，压制什叶派。

之后的 150 年间，绍德家族的势力范围时大时小，但在 20 世纪前 30 年，绍德家族族长阿齐兹逐步建立沙特阿拉伯王国，在 1932 年宣布建国，绍德家族从此成为沙特阿拉伯的王室。

这个新王国刚建成时一穷二白。也许安拉祝福这群子民，却没让他们知道脚下的宝物。他们只知道自己拥有麦加这座伊斯兰世界里最神圣的城市，这座所有穆斯林一辈子都得来朝圣至少一次的圣城。

朝圣者替这个国家带来大部分收入，但 20 世纪 30 年代全球经济大萧条，这部分收入减少 60%。沙特阿拉伯国王阿齐兹必须另觅财源，否则唯恐失去政权。

阿齐兹观察邻国，发现伊朗与伊拉克靠石油致富，心想自己国内或许也有石油，但即使有，也得找人帮忙从地里弄出来，于是决定开放外国石油公司进入。

1933 年，加州标准石油公司（今日的雪佛龙）率先取得开采权，开始勘探石油。当时“5% 先生”居中安排的红线协议依然有效，土耳其石油公司背后那几家石油巨擘无法来沙特阿拉伯开采石油，但加州标准石油公司跟土耳其石油公司无关，独自投标并取得开采权。

加州标准石油公司押对宝了。沙特阿拉伯有石油，而且比世界其他地方都多。加州标准石油公司依靠沙特阿拉伯在石油产业攀上巅峰。

1938 年，达兰地区首先量产石油。1944 年，加州标准石油公司成立阿拉伯美国石油公司的子公司，负责沙特阿拉伯的采油业务。从结果来看，阿齐兹选择摆脱以往合作模式可谓明智之举，沙特阿拉伯在阿拉伯美国石油公司成立时是采用对分利润，远比伊朗从英国波斯石油公司手里拿的还多。

1948 年，阿拉伯美国石油公司在加瓦尔勘探石油，随后沙特阿拉伯凭对分利润赚进巨款。这块区域长 278 千米，宽 30 千米，位于沙特阿拉伯的中部偏东，靠近卡塔尔与波斯湾，目前是全球最大的传统油田，石油产量占全国的 60%，在全球则占 6%。

沙特阿拉伯有意限制油田产量，避免过量生产，但据估计加瓦尔油田每天仍出产 500 万桶的石油，外加 20 亿立方英尺的天然气。尽管外界大多认为沙特阿拉伯官方的储量数据太过夸大，但实际储量仍相当惊人。假设实际储量只有官方说法的一半，按目前产量仍可持续生产

40 年。

跟伊朗或伊拉克相比，沙特阿拉伯地广人稀，因此石油获利流入较少人的口袋，绍德王室花较少钱就能控制好国家。当人口迅速成长，产量随之上升，沙特阿拉伯能兼顾能源开采与国家发展，平民百姓变得富裕，没道理去挑战绍德王室政权。此外，沙特阿拉伯的宗教冲突也少，毕竟逊尼派占总人口的 80% 以上。

阿拉伯美国石油公司顺顺利利走了 30 年，但 1973 年石油危机爆发，绍德王室想掌控石油产业，开始慢慢出手，先在 1973 年取得阿拉伯美国石油公司 25% 的股份，在 1974 年持股比例提高到 60%，最终在 1980 年完全吃下整间公司，在 1988 年更名为沙特阿拉伯美国石油公司，目前是全球原油产量最高的公司。由于沙特阿拉伯美国石油公司拥有惊人储量，完全整合采油、炼油与运油，往后几年仍将独占鳌头，沙特阿拉伯国王仍是全球极度有钱有权的重要角色。

尽管如此，绍德王室始终明白自身实力还没有大到可以单打独斗，因此还要努力寻找政治上与经济上的盟友。

1945 年，沙特阿拉伯与埃及、伊拉克、黎巴嫩、叙利亚、也门组成阿拉伯国家联盟，致力于“维护阿拉伯国家的……独立主权”，如今已有 21 个成员（但叙利亚在 2011 年因总统小阿萨德的不当举动而遭开除）。

1981 年，沙特阿拉伯找上巴林、科威特、也门、卡塔尔与阿拉伯联合酋长国，组成波斯湾阿拉伯国家合作委员会，建立半岛防卫部队，防止任何成员国遭受攻击，即使发动攻击的是本国民众也一样，例如 2011 年的巴林抗争就算在内。

至于石油输出国组织成立于 1960 年，由沙特阿拉伯与伊朗、伊拉克、科威特、委内瑞拉组成，后来其他 9 国陆续加入，属于常规组织，借控制石油产量来主导石油价格。

石油输出国组织在最初 10 年并无明显影响力，但在 20 世纪 70 年代终结廉价石油时代，导致全球能源市场天翻地覆。当时油价因为两个原因而飙升：1973 年的阿拉伯石油禁运措施，还有 1979 年的伊朗革命。

1973 年 10 月爆发赎罪日战争，美国等国家支持以色列，埃及与叙利亚吃了大亏，阿拉伯世界推出石油禁运措施反击。尽管这个措施是出于报复，但石油输出国组织却发挥出前所未有的影响力。

禁运措施使油价飙升四倍，西方先进大国赫然想起这些中东落后小国正手持利剑指着他们，尤其美国如梦初醒。跟其他国家相比，美国最倚赖石油进口，高油价还能忍受，油源不稳却很要命。

美国的石油进口比例在 1970 年是 22%，在 1973 年提高到 36%，而且上升趋势看似无从逆转。不幸的是，全球的石油出口国要不就像苏联那样敌视美国，要不就是政治局势不稳，甚至两种不幸都有。华府认为最能向美国稳定供油的就属沙特阿拉伯，毕竟沙特阿拉伯既与美国友好，国内外又安定。

难题在于沙特阿拉伯刚把美国列入黑名单，美国应该思考怎么与之谈成石油买卖协议。首先，赎罪日战争必须平息。虽然双方已在十月谈成停火协议，但彼此仍剑拔弩张，互不信任。

当时的总统尼克松和国务卿基辛格认为以色列与埃及的和平会晤是一回事，美国跟阿拉伯国家针对禁运措施的协议又是另一回事，但他们也明白阿拉伯国家元首会把两件事搅和在一起，因此决定分头进行：一方面找埃及、叙利亚与以色列谈判，希望以色列从西奈半岛与戈兰高地撤军；另一方面找沙特阿拉伯与其他产油国协商，希望禁运措施能够结束。1974 年 1 月，双方签订埃及与以色列解除紧张状态协议。虽然和平条约并未谈成，但双方冲突有望纾缓，石油输出国组织的相关成员国在两个月以后取消禁运措施。

与此同时，基辛格另外与沙特阿拉伯协商。他们知道军力强大的邻国正虎视眈眈望着沙特阿拉伯的大笔财富，而且苏联或许也图谋不轨，可能直接或间接出手。

教派对立让局势更加凶险。伊朗有 90% 的人口属于什叶派；伊拉克由逊尼派掌权，但 65% 的人口属于什叶派；邻国巴林小巧富裕，70% 的人口属于什叶派。沙特阿拉伯能想象伊朗或伊拉克找上巴林，甚至三国联手，标榜在阿拉伯圣地重建真正的伊斯兰帝国，向沙特阿拉伯发动攻击。

沙特阿拉伯需要靠山，但似乎没有哪个强权想站出来，除了……

这正是基辛格找上沙特阿拉伯的目的。如同第三章所述，美国愿意出面替沙特阿拉伯协防外国侵略，确保绍德王室的政权得以永久延续（没错，美国也会继续支持以色列，这是沙特阿拉伯必须容忍的一点）。沙特阿拉伯则必须答应两个交换条件，那就是只以美元进行石油交易，所有卖油的多余收益应投资美国公债或美元。

双方一拍即合。不久之后，科威特也签下相差无几的协议。

华府相信沙特阿拉伯在石油输出国组织里最具影响力，其余国家都会响应。1975 年，美国的盘算成真。

1974 年对美国而言形同里程碑。战争结束，以色列安然无事，中东再度供应石油给美国，沙特阿拉伯跟美国建立稳固关系，最重要的是油元体系诞生。

苏联在整个过程中是怎么做呢？当然是站在另一边。苏联对石油输出国组织表示友好，从不争抢市场，在能源技术与基础设施方面提供协助，在赎罪日战争中援助埃及与叙利亚，设法增加西方对石油输出国组织的依赖程度，创造日后与各产油国的良好合作环境。如今普京采取类似政策，拥抱伊朗等受西方排挤的国家。

美国与沙特阿拉伯结盟以后，阿拉伯半岛的局势长期以来相当稳定，但最近也许就难说了。

在苏联即将瓦解的最后几年，几任国家领导人健康欠佳，相继在任内过世，勃列日涅夫（Leonid Brezhnev）、安德罗波夫（Yuri Andropov）与契尔年科（Konstantin Chernenko）在三年内先后撒手人寰。当里根总统获悉契尔年科的死讯后，他说："他们这样相继辞世，我能拿它们怎么办？"

美国总统也许很快要对沙特阿拉伯的领导人讲出这句话。

两者的相似程度令人咋舌。苏联在后期相当压抑，族群彼此分裂，资源丰富但经济萧条，一个一个年事已高的领导人先后主政，却一个一个相继过世，没有替继任人选做出清楚规划，苏联在全球各国的扩张之势中已落居下风。

今日的沙特阿拉伯不穷，但面临经济问题，社会福利支出与国内能源消耗量剧增，吃掉最宝贵的石油获利，而石油获利其实并没有公平分配，尽管一般大众确实因为石油日子过得还不错，但当他们抬头一看，统治者一个个身价高达数十亿美元。

绍德王室看似势力庞大，团结稳定，但其实国王与继承人正逐渐老迈，很难在众多虎视眈眈的对手中保全王位，至于穆斯林这个王室以外唯一有组织的社会群体也眼巴巴地守在门外。

国王阿卜杜拉二世（Abdullah Aziz bin Saud）在 2014 年 8 月满 90 岁。根据沙特阿拉伯的继承规则，国王死后不是把王位传给儿子，而是传给弟弟，但兄弟自然年纪相近，阿卜杜拉二世的几个弟弟年纪也不小，也没有办法处理这个古老国家在数字时代面临的诸多问题。

现任国王萨尔曼（沙特阿拉伯国王）（Salman bin Abdulaziz Al Saud）现年 81 岁，只因为上面两个哥哥过世才继承王位。包括国王在内，各兄弟的平均年龄都超过 80 岁。

绍德王室家财万贯，一夫多妻，目前共有 7000 位王子，其中或许会有哪个王子既年轻又明智，一心带领沙特阿拉伯跨越王位继承的乱局，迎向崭新的未来。不过他要怎么往顶端爬呢？

当一群继承人挤在王位旁，很容易爆发冲突，这时出线的往往不是最有资格的那一位，而是最残忍无情的那一位。坐上王位的不太可能是最优秀者，比较可能的是某位争强好斗的家伙，不仅极度仇视西方，还想对什叶派宣战。

这是美国不想看到的结果，甚至是完全无法接受的结果。美国宁可让一群比较听话的老头依次继承王位，也就是一个个国王都七老八十，很难兴风作浪。

然而，这种国王没有精力与时间大举革新，偏偏沙特阿拉伯需要的正是革新，目前面临许多问题：高失业率、官僚贪污、过度依赖石油的经济、弊病难治的教育系统，还有一代的失意年轻人。

沙特阿拉伯深陷重重问题，王室仰赖的三大支柱变得摇摇欲坠。石油利益长年花在收买民心上，但如今民众认为花得不够；最初与绍德王室结盟的瓦哈比派高层纷争不断，渐失民心；王室自身难以维持其不容挑战的外部形象。

绍德王室先前凭封锁消息控制大众，但这种做法几乎行不通了，现在的年轻民众靠网络与世界接轨，开始质疑自己的社会，做出自己的判断。

连宗教组织也渐失势力，越来越多的年轻人直接从《可兰经》中寻求指引，不再任由宗教领袖牵着鼻子走。这如同沙漠里的新教革命。

老迈的国王无法处理这种变局。

当“阿拉伯之春”席卷突尼斯与埃及，沙特阿拉伯民众自然起来响应。然而，他们很少要求民主，无意赶走王室，而是提出更实际可行的要求。

最主要的要求是就业。尽管政府高层多由老人组成，全国平均寿命达到 75 岁，但由于出生率很高，平均年龄低得惊人，60% 的人口低于 20 岁，青年失业率接近 40%，年轻人想改善生活但找不到工作的机会，最终只能依赖政府救济。

政府能给的救济越来越少。沙特阿拉伯的人口在过去 40 年增加 380%，远高于石油产量的增加幅度，每个人分到的钱逐年降低。

短期之计是改变经费分配方式，这是绍德王室老国家唯一能想到的可行办法。“阿拉伯之春”掀起浪潮之际，当时的沙国国王阿卜杜拉二世砸钱回应，拨 1300 亿美元，增加公共住宅、薪资与失业救济金。这笔钱很多，沙特阿拉伯的年度预算也不过 1800 亿美元，阿卜杜拉二世几乎是拿出 1 倍的钱安抚抗议民众。

但这招无法一直用下去。即使是沙特阿拉伯，靠石油赚的钱也就那么多。每桶油价至少要超过 80 美元，政府才能支付所有社会福利计划，但国内的石油消耗量不断增大，支付社会福利所需的最低油价将持续增加。

现在再继续讲讲沙特阿拉伯国内的动荡局势。

阿卜杜拉二世拨 1300 亿美元以后，许多抗议民众纷纷回家，但东部各产油省的抗议行动没有停止。

从“阿拉伯之春”爆发以来，沙特阿拉伯东部的盖提夫地区始终局势紧绷，示威抗议时常出现，要求政府释放政治犯、重视言论自由，还有终结族群和宗教的歧视。2011 年 11 月，维安部队出动镇压，造成五位民众丧命，示威民众开始把矛头指向绍德王室，一条知名标语是：“我们一百年来活在恐惧、不义与威胁当中。”

东部省示威运动认为什叶族长年遭受不公对待，呼吁国家改为君主立宪制。这从西方人的眼光来看合情合理，在沙特阿拉伯则大逆不道。

而且这还是比较审慎的要求，许多年轻的示威者就是想推翻绍德王室。

2012 年 6 月，阿卜杜拉二世要求维安部队高度戒备，随时注意东部地区的“动乱状况”。示威抗议在沙特阿拉伯是违法行为，维安部队出动坦克进入盖提夫市中心，政府指控伊朗什叶派人士在背后煽动。2012 年年底，沙特阿拉伯政府要求所有民众替自己的手机芯片卡注册，任何谈及抗争的信息都能锁定身份。

冲突愈演愈烈。数十人在过去 4 年中丧命。2014 年 2 月，维安部队在盖提夫地区的阿瓦米亚镇向示威民众开火。

7 名示威民众判处 20 年徒刑，罪名是朝维安部队丢掷汽油弹。

数千民众走上街头哀悼死者，送葬活动迅速演变为另一场抗议活动，呼吁政府释放 3 万多名政治犯。

如果沙特阿拉伯东部的什叶派穆斯林想破坏油田，他们可占据相当好的地利，但绍德王室的威胁还不只如此。2009 年 1 月，基地组织在也门与沙特阿拉伯的分支合并为阿拉伯半岛基地组织，一心想推翻绍德王室，组织人员遍布全国，各部落酋长从旁支持。如果绍德王室遭他们推翻，基地组织可谓获得重大胜利，整个地区将陷入动荡。

绍德王室面临内忧外患，政权简直岌岌可危，近来跟美国的分歧更如同雪上加霜。

绍德王室公开对奥巴马的外交政策表示不满。他们供应石油给美国，购买美国公债，因此相信美国该协助他们，没想到事与愿违。

班达尔·本·苏尔坦（Bandar bin Sultan）在 2012 年年中到 2014 年年初担任沙特阿拉伯情报局局长，在此之前担任驻美大使长达 22 年，最近他向欧洲的外交使节大吐苦水。从沙特阿拉伯的角度来看，美国没有好好支持叙利亚的逊尼派示威民众对抗总统小阿萨德，没有好好协助巴勒斯坦的逊尼派民众对抗以色列，反而与伊朗的什叶派政府走得很近，此外在 2011 年也没有协助沙特阿拉伯政府镇压巴林的抗议民众。

班达尔现年 68 岁，相对年轻，是极强硬的鹰派。他先前表示愿负担美国出兵叙利亚的所有花费，还警告普京说如果再支持小阿萨德就要当心恐怖攻击，现在则表示沙特阿拉伯会“大幅调整”与美国的关系。外界不清楚当时他这番言论是否代表沙特阿拉伯国王阿卜杜拉二世的意思，毕竟两人失和多年。

费萨尔也担任过沙特阿拉伯情报局局长，他在 2013 年年底抨击奥巴马在处理叙利亚和以巴和平事务时简直“不知所措”，相关政策“糟糕透顶”，而且“最近小阿萨德政府使用化学武器，但国际上的所作所为不仅可笑，根本就是虚假，不但让奥巴马有机会逃避制裁，还助长小阿萨德继续残杀自己的人民。”

他职位很高，这种用词可谓十分尖锐。乍看之下，沙特阿拉伯不太可能疏远美国这个长期盟友，目前也还需要美国的军事支持，而且高达 7000 亿美元的外汇存款是以美元持有，但绍德王室对美国的忍耐仍有限度，罪魁祸首主要是美国对叙利亚的消极作为。“现在各个选项都摊在桌上，而且绝对受到影响。”某位王室成员表示。

另外，如果绍德王室因为某种原因土崩瓦解，事态会如何发展？

除了绍德王室以外，宗教团体是沙特阿拉伯国内唯一的社会群体。沙特阿拉伯没有政党，没有工会，没有社会组织，顶多只有少数由王室成员设立的慈善机构。一旦绍德王室垮台，唯一可能乘势而起的只有穆斯林兄弟会。

埃及多数民众担心穆斯林兄弟会的渗入，但沙特阿拉伯面临的形势更加险峻。阿拉伯半岛上的穆斯林可不像埃及穆斯林那般温和。如前所述，这里的穆斯林属于瓦哈比派，恪守原教旨主义，本·拉登就是这个教派的。

如果绍德王室垮台，激进派穆斯林取得政权，他们跟什叶派把持的伊朗很难和平共处。这两派在任何地方碰到都会激烈交锋，各自认为对方误入歧途，形同异端。一旦激进派穆斯林掌握政权，伊朗与沙特阿拉伯很可能大打出手，中东地区将陷入难以预料和绝对恐怖的局势，全球将会受到油源大乱的冲击。

更糟的是（至少对美国而言更糟），变天后的新政权也许会靠完全禁运石油来针对西方，1973 年那场石油危机就有可能重演，但全球对石油的依赖程度已今非昔比，当年油价飙升 4 倍，现在的后果可想而知，就算同样只升 4 倍，那每桶油价也会突破 300 美元。光是“美国与沙特阿拉伯友好的时代结束”本身就够糟了，毕竟沙特阿拉伯多年来与美国结盟，不仅维持中东地区的平稳，也领导石油输出国组织各成员国。

然而，最糟的当属油元体系的终结。

如果沙特阿拉伯因为国内变局与美国决裂，转身背离西方，会改找哪个国家合作呢？普京带领的俄罗斯是绝佳选择，两国能以自身货币建立贸易体系。中国大概会提议让人民币也加入，天晓得还有哪个国家会冒出来？无论你情愿不情愿，油元体系已濒临瓦解。40 多年来，沙特阿拉伯是维护油元体系的真正功臣，当沙特阿拉伯转身离去时，油元体系也会随之结束。

接下来，我们仔细审视后果。

# 第十一章　油元体系的尾声

我在第三章解释过油元体系的来龙去脉，还有美元因此成为国际储备货币的前因后果。随后我说明普京如何计划重启冷战并打击美元。

现在我们把眼光拉回此时此刻，检视美元地位岌岌可危的迹象。我们会如同看到“英镑霸权兴亡史”重新上演。为了鉴往知来，不妨先倒回去回顾一下当年的历程。

第一次世界大战之前，英镑是全球的首要货币——与今日的美元不尽相同，但相去不远。英镑的地位源自英国企业家，他们找到了大量生产的制造模式极有效率，取代小型手工生产，在出口市场占尽优势。其他国家把原材料卖给英国，由英国加工为更有价值的产品，其中多数是纺织品与金属制品。

英国成为“世界工厂”，一船又一船运出相对低成本的产品，全球对英国产品趋之若鹜，但交易要靠英镑，英镑变得炙手可热。英国的军队也很强，海军尤甚，殖民地遍及全球，享有“日不落帝国”称号，从部分殖民地赚进大把金钱，英镑的地位更加水涨船高。如果你想买英国殖民地的东西，就要用英镑；如果你想卖东西到英国殖民地，你乐于见到对方以英镑支付，甚至最好是透过伦敦某家银行支付，而伦敦逐渐跃居成为全球公认的金融中心。

这若能延续下去也不错，但其他国家接连工业化，开始争夺原本由英国独占的市场，英国也不再像早期只对殖民地实行经济掠夺，而是要设立政府加以管理，许多殖民地得花大钱维系，对英国经济不是加分而是减分。

接下来，第一次世界大战爆发。战争结束后，英国负债累累，英镑的地位遭受严重打击，美国则在战后崛起，靠出口食物与其他产品赚进许多黄金，而且世人经过战争洗礼后，认为美国是储藏财富的安全地方。美元成为储备货币，起初美元只是英镑的替代品，但后来美元开始胜过英镑。

第二次世界大战爆发，英国受战火重创，债台高筑，最终英镑不再是全球货币。大英帝国分崩离析，英国变回一个小巧繁荣的国家，稍能影响国际事务，但不再主宰全球。

美国取代英国。经过第二次世界大战，美国国库赚进了大量的黄金（靠出口更多产品到战场），美国更是全球储藏财富的首选之地，美元成为毋庸置疑的国际储备货币：几乎任何人想从事国际买卖，或者想分担本国货币风险，首选就是美元。

如同先前所述，美国与沙特阿拉伯在 1973 年让美元与石油交易挂钩，美国等于能免费进口全球的石油，毕竟美联储得以凭空生钱，购买美国民众想要的石油。此外，好处远不只如此。

由于美元是石油交易的唯一货币，其他货币难以挑战美元作为国际储备货币的地位。人人需要石油，因此人人需要美元。如果你卖东西到国外，你会乐于收到美元，因为之后能靠美元买石油。如果你从国外买东西，你知道卖方会乐于收到美元，因为能用美元买石油和其他任何东西。如果你参与全球经济，就是美元进、美元出。别国货币只能在当地使用。

几乎所有国家都臣服于美元的霸权。

美元需求成长，价值随之攀升，美国人靠强势美元购买便宜的进口商品。换言之，油元体系靠牺牲别国消费者来补贴美国消费者。当然，此事有利就有弊：便宜进口商品重创美国的制造业。美国制造业在 1970 年占美国整体经济的 23%，如今只占 12%。

油元体系让美元把其他货币远远抛在后头，美国能利用（批评者会说“滥用”）美元作为国际储备货币这一点，比方说，美国能承受长期贸易赤字，付给别国的钱多，从别国赚进的钱少，而且差额不小，每天高达数十亿美元。

另一个好处是债务凭证（期票）也是用美元。沙特阿拉伯、中国与日本等国家从美国人手上赚进美元，存钱首选正是美国公债，因此美国政府能借许多钱填补赤字，赤字也自然直线飙高。政治人物最乐见不靠税金就有大笔钱花。

如今美国政府等于在向全球借钱，却没想过还钱的事——反正随时能印钞。

可能你认为这种局面终将无以为继，你想得没错。这种局面不可能永远下去，只是油元体系维系已久，许多人视为理所当然。油元体系40年多来造成的结果如下：

- 现在政府负债超过每年国内生产总值的一倍以上，美国面临经济萧条、大量违约或恶性通货膨胀等威胁。
- 多数制造业步履蹒跚。
- 经济较难从打击中恢复。金融海啸过后，尽管政府史无前例地狂印钞票与举债救市，不过复原脚步却缓慢且艰辛，虽然失业率在下降，但速度缓慢。
- 为了防止经济重陷萧条，美联储会把利率降到极低，简直在嘲笑银行存户。
- 投资市场无论怎样都是在制造终将破灭的泡沫，先前是网络泡沫化与次级房贷风波，如今恐怕在债券市场引爆。

这是超级强权应有的健康样貌吗？或者美国只是一个即将耗尽优势的末路强权？世界准备逐渐抛弃美元，届时美元将不再享有国际储备货币的地位，数兆美元的资产面临转出，美元汇率唯恐暴跌。

这是以另一个说法来描述可怕的通货膨胀。如果我们够好运，通货膨胀不会有多严重，但如果我们不够好运，通货膨胀会相当惊人，利率达到两位数，食物、服饰与汽油的价格全面飙升，股市惨不忍睹。2008年至2009年的金融海啸只是小巫见大巫。

美国人过惯全球拥戴美元的日子，但届时就是如此凄惨。至于全球经济将如何发展，哪种货币会取代美元，或者根本没有货币足以取代，这些统统难以预料。

完全可以预料的是美国政府会不惜一切代价维系美元霸权，对抗任何威胁。我在前一章说过，美国在 2003 年入侵伊拉克的一大原因是萨达姆威胁到油元体系，他的“石油换食物”计划是采用欧元而非美元。

利比亚的动乱如出一辙。卡扎菲（Muammar Qaddafi）政权原本就岌岌可危，但垮台时间则经过计算。卡扎菲呼吁阿拉伯与非洲国家舍弃美元与欧元，改用“第纳尔”（dinar）这个货币，但不久以后，美国与北约支持的抗议民众推翻了卡扎菲政权。

这次动乱显然也让美国得以合法冻结利比亚政府棘手的 300 亿美元资金。利比亚用这笔钱支持非洲的三个经济联盟，包括位于利比亚的非洲投资银行、即将在喀麦隆设立的非洲货币基金组织，还有位于尼日利亚的非洲中央银行，而这家银行准备发行取代美元的非洲新货币。

## 攻击美元

俄罗斯与中国正着手让国际交易不需通过美元，借此为摆脱美元铺路。

2010 年年底，普京与时任中国总理温家宝宣布一项允许以卢布与人民币进行特定交易的协议，温家宝表示：“中国恪守和平崛起的路线，协助俄罗斯重返世界强国之列。”这是中俄两国首次提出直接挑战美元地位的协议。

2012 年年初，中国与日本也提出类似协议。中国是世界第二大经济体，日本是世界第三大经济体，两国经济举足轻重。这项协议允许企业直接以人民币与日元交易，不必仰赖美元。这是中国首次允许以人民币兑换美元以外的外币。

为了实行这项协议，日本政府表示日本央行会以外汇储备购买 650 亿人民币（约 100 亿美元）的中国国债。日本的外汇储备接近 1.3 兆亿美元，大多以美元持有，这金额只是九牛一毛，但终究是一个开端。

这两种货币的交易市场将设在东京与上海。

2013 年 9 月，中国政府宣布中国的银行系统已做好准备，可供全球以人民币买卖原油，不必依赖美元。

那一年中国还推出其他对抗美元的举措：

- 中国人民银行与巴西央行拿300亿美元推出货币互换服务，两国之间的贸易不必依赖美元。中国是巴西最大的贸易伙伴。
- 中国与澳大利亚签下类似协议，拿310亿美元推出货币互换服务，同样是让贸易更便利，不必依赖美元。
- 中国与阿拉伯联合酋长国签下类似协议，拿60亿美元推出货币互换服务。
- 中国与土耳其签下类似协议，拿16亿美元推出货币互换服务。

2013年6月，温家宝出访智利，同样宣布两国货币的直接互换服务。

该年年底，韩国与中国宣布两国央行将拿出现有的64兆韩元（约590亿美元），推出货币互换服务，便于进出口贸易。

为了支持这些服务，中国在2014年3月设立两个人民币贸易处理中心，分别位于伦敦与法兰克福。

2014年7月，中国再与瑞士央行达成协议，以1500亿人民币兑换210亿瑞士法郎（约230亿美元），瑞士央行从此能投资中国债券市场。

其他国家纷纷响应俄罗斯和中国的做法。

同样在2014年7月，金砖五国（中国、巴西、俄罗斯、印度与南非）在巴西的福塔莱萨市召开经济高峰会，朝经济自主迈出一大步。首先，他们决议成立新发展银行，总部设在上海，向金砖五国与其他新兴市场提供发展资金，授权资本为1000亿美元。

另外，他们也宣布设立规模达1000亿美元的应急储备基金，或称外汇储备基金，旨在协助金砖五国对抗短期资金流动压力与国际金融冲击。

他们会采用哪些货币尚不清楚，但显然想摆脱国际清算银行与国际货币基金组织——这两个组织都服从美元霸权。

## 美国的做法让自己惹祸上身

美国正在不经意间削弱美元在全球的地位，主因是美国正邀请各国以经济制裁迫使伊朗放弃发展核武器，加入的国家同意不从伊朗进口石油，另外还有其他制裁细则。虽然普京在2013年11月从中促成另一项协议，中止部分制裁内容，但石油禁运令依然有效。

美国基于一个简单原因偏好经济制裁，而非军事行动：伊朗不像伊拉克那么容易对付。如果美国舰队从波斯湾攻击伊朗，伊朗会派出许多小型自杀战船反击，也能轻易攻击正驶经沙特阿拉伯、巴林与荷姆兹海峡的油轮（速度缓慢的庞然大物），切断全球20%的石油供应。

此外还有普京。俄罗斯可不会袖手旁观，任由美军轰炸盟友。因此，美国不会动武。

当制裁推出以后，美国的盟友迅速响应，多数欧洲国家与部分亚洲国家不再从伊朗进口石油，或减少进口量。伊朗的石油出口量锐减一半，但伊朗并未投降。

石油的替换性高，每桶原油外表上看相差无几，一旦离开原产国，如果有意掩饰，根本难以分辨产地，而且不止桶装原油难以追踪，甚至连超级油轮大量运载的原油都出人意料地难以追踪。

根据国际法规，货轮必须装设卫星追踪器，但如果经货轮所属国核准，船长可依安全理由关闭追踪器，例如伊朗的39艘油轮大多经过核准，在海上航行时无从追踪，只有7艘超大型油轮开启卫星追踪器，至于9艘苏伊士极限型油轮（译注："苏伊士极限型油轮"是指能通过苏伊士运河的较大油轮）当中，只有两艘能追踪。伊朗油轮上的数百万桶原油"消失无踪"。伊朗官员只是耸一耸肩，推托说不清楚石油在哪。

伊朗国家油轮公司委托中国制造的12艘崭新超级油轮正陆续完工，石油运出量会再提高。每趟运油的花费约500万美元，每桶油2.5～4美元，依油轮大小而定。伊朗额外花费数百万美元替每趟航运投保，由于多数保险公司位于制裁实行国，伊朗只能找其他国家的少数保险公司投保，以中国或俄罗斯的公司为主。

买主在商言商，多会要求伊朗国家石油公司提供较佳付款条件，每 200 万桶原油的付款期限也许长达6 个月，这样每桶石油得多花5 ~8 美元。所有额外航运费用、保险费与宽松付款条件加在一起，每艘超级油轮运一趟油的利润会少 10% ~12%，负担很大，但仍能承受。

石油禁运令还包括封锁任何给伊朗的付款，禁止环球银行金融电信协会（这家比利时公司处理全球所有国际电汇交易）接受伊朗相关电汇交易，伊朗国内与国外的双方无法以传统方式交易。如果所有国家确实遵守这项禁令，伊朗简直走投无路，但现实并非如此。

如今许多国家不必再对美国卑躬屈膝。有些国家公然反对这项制裁，拒绝加以合作；有些国家选择阳奉阴违，私下与伊朗交易，例如透过第三个国家运货或付款；有些国家干脆对制裁视而不见，只是嘴上不明说而已。

如何与伊朗交易又不至于公然违背制裁令是一门艺术，多数对策由伊朗人自行想出。如果你禁止别国透过环球银行金融电信协会进行交易，他们不会大呼小叫，而是另辟蹊径。伊朗卖油给印度，换取黄金与印度卢比。伊朗也卖油给中国，换取中国制造的沃尔玛超市商品。韩国也一样，默默以韩元向伊朗买油。

其中一招有赖于土耳其的合作。土耳其人民银行以所谓“黄金漏洞”购买石油，在 2010 年 3 月至 2013 年 7 月运送 130 亿美元的黄金给伊朗，有时可以直接运送，有时可以间接透过阿拉伯联合酋长国运送。伊朗则供应石油与天然气给土耳其，但由于禁运制裁禁止以美元或欧元付款，土耳其改付土耳其币给伊朗，伊朗再以土耳其币购买已在伊朗境内的黄金，结果伊朗得到黄金，土耳其则说钱是付给个别公民的，并未违反制裁令。奥巴马在 2013 年 1 月禁止黄金漏洞，表示之后再有任何这类交易都形同违反制裁令。

以物易物或许是下一招。伊朗与俄罗斯正协商以石油交换货品，每月金额达 15 亿美元，借此增加伊朗的石油出口。俄罗斯也许会同意每天以本国货品交换 50 万桶石油，再拿到全球市场转售，毕竟俄罗斯不缺油。

美国政府要求俄罗斯不要签订这个交易协议，扬言将更严格执行禁运令，至于实际做法则很难讲。美国会扣押正运油给俄罗斯的伊朗油轮吗？这绝对会让本已紧绷的美俄关系严重破裂，后果不堪设想。

总之，伊朗与许多国家透过美元以外的方式交易石油，财务上也不会出问题。原本美国想靠封锁美元交易达到制裁目的，实际上却出现很大漏洞。讽刺的是，制裁措施反而让伊朗与购油国知道如何摆脱美元，其他国家从旁观察学习。

这是典型的拿石头砸自己的脚：美国想靠制裁伊朗展现权威，却反倒让全球明白如何避开美国主宰经济的最大利器（即美元）。有些国家认为美国过度干涉全球事务，如今他们知道如何摆脱对美元的依赖了。

美国意图让全球明白只要得罪美国就吃不了兜着走，结果各国反而发现遭美国制裁不见得会元气大伤。美国为乌克兰事件制裁俄罗斯，结果也对美元造成负面影响，正如同制裁伊朗一样。

先前，哈萨克斯坦的俄罗斯大使馆透过纽约摩根大通汇款给俄罗斯索格兹保险公司，却遭美国挡下来，普京在 2014 年 3 月愤而要求俄罗斯央行立刻实行双鹰计划。

双鹰计划是建立新的“国家支付系统”，取代环球银行金融电信协会，让石油以俄罗斯储藏甚多的黄金计价，交易双方不必再依赖美元（或欧元）等法定货币，而是以具体实在的黄金交易。金砖五国的其余四国乐观其成。

俄罗斯外交部指出，环球银行金融电信协会把全球货币系统与美元“黏”在一起，但俄罗斯这个替代方案能“一夜之间摧毁环球银行金融电信协会”，这两个讲法大概都对。此外，俄罗斯外交部还说只要双鹰计划构建完成，金砖五国的其余四国会立刻加入。

俄罗斯上议院发言人马特维延科（Valentina Matviyenko）愤恨但生动地表示：“有些急性子的政府高官都忘了，现今仍危害全球的金融海啸始于 2008 年英美等国某些信贷机构陷入困境，所以我们相信任何（冲着俄罗斯而来的）恶意金融行动都如同双刃剑，只要出一些差错，自己就会反受其害。”

## 贸易趋势

过去20年间，美国以外地区的经济迅速发展，这同样削弱了美元的地位。

2009年，中国取代美国成为非洲最大的贸易伙伴。2012年，中国与非洲的贸易总额突破2000亿美元。对美元不利的是，中国与非洲之间的多数贸易都关乎能源。中国有1/3的石油进口来自非洲，而且对非洲石油产业投入甚大，例子如下：

- 2006年，中国花23亿美元买下尼日利亚海滨石油与天然气田的45%股份。
- 2010年，中国与尼日利亚签下协议，将在尼日利亚兴建三座炼油厂与一座燃油开采复合平台。
- 2013年，中国石化公司同意花15.2亿美元，购买马拉松石油公司在安哥拉海滨石油与天然气田的10%股份。
- 2013年，中国石油集团花42亿美元购买莫桑比克海滨天然气田的股份。

由于这些协议，人民币在非洲的使用度提高。2014年1月，尼日利亚央行宣布卖出部分美元，改买人民币，让人民币占外汇储备的比例从2%增加到7%。隔天，津巴布韦央行宣布把人民币列为官方货币。

俄罗斯与印度在能源方面逐渐展开密切合作。2014年3月，俄罗斯石油公司总裁谢钦造访印度，洽谈与印度石油天然气公司的合作计划。俄罗斯石油公司宣布等到库页岛的液化天然气厂投入生产以后，会出售液化天然气给印度石油天然气公司，而且交易将不使用美元。

另一个影响要素是中国、印度与巴西等发展中大国的消费观念正在改变。国内消费扩大以后，本国货币会变得比较稳定，其他国家眼看与这类国家的出口额增加，会更愿意不再用美元交易。

另外还有黄金这个向来在金融动荡时期具有保值效果的交易媒介。

2009年，美联储以史无前例的速度大量印钞，其他国家的央行变成黄金净买家，不像先前数年是把黄金对外卖出。2013年，中国与俄罗斯的黄金购买量创下历史新高，伊拉克与巴西等国家亦然。

德国央行尤其展现出对黄金的极大兴趣（也就是热衷于取得美元的替代品）。2013年，德国央行把存放在纽约联邦储备银行的300吨黄金运回德国，发言人表示这项措施是“为了预防货币危机”（译注：有趣的是，美国说要等到2020年才能分批运完这么大量的黄金。目前运送进展相当缓慢，第一年仅运送5吨，占总要求量的2%，怀疑论者质疑美国是否确实持有对外所宣称的黄金数量）。

## 沙特阿拉伯与美国的关系降至冰点

如今美元作为国际储备货币的地位系于油元体系，也就取决于沙特阿拉伯，但沙特阿拉伯的绍德王室越来越心向东方。

如同先前所述，伊朗的石油对中国很重要——占中国总进口量的9%。然而，沙特阿拉伯的石油对中国更重要，占总进口量的19%。（见图11.1）。

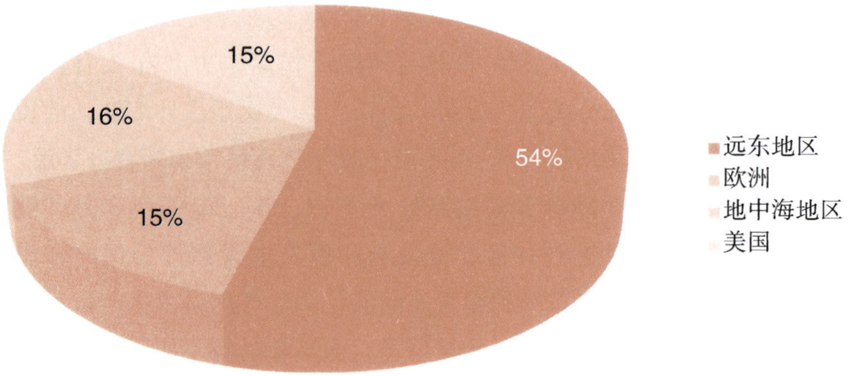


图11.1　2012年沙特阿拉伯的原油出口对象

过去20多年间，中国与沙特阿拉伯的贸易额几乎增加58倍，1990

年为 12.8 亿美元，2012 年则为 740 亿美元。沙特阿拉伯连续多年是中国在中东的最大贸易伙伴，两国关系日渐密切，2012 年同意合资 85 亿美元，在沙特阿拉伯兴建全球最大的炼油厂。

2009 年，沙特阿拉伯对中国的出口额首度超过对美国的出口额，如今对亚洲五国（中国、日本、韩国、印度与新加坡）的出口额极大，是对欧洲加北美洲总出口额的 3 倍。这些因素再加上美国现在有页岩油革新，进口石油的需求减少，中国会是沙特阿拉伯石油出口量增长的来源。

10 多年间与中国加深贸易关系的伊斯兰国家不仅有沙特阿拉伯，还包括埃及、印度尼西亚、伊朗、伊拉克、哈萨克斯坦、马来西亚、毛里塔尼亚、尼日利亚、巴基斯坦、苏丹与土耳其等，但沙特阿拉伯与中国合作最密切。

目前中国与沙特阿拉伯仍用美元交易，但今后很难说。沙特阿拉伯短期内大概还不会抛开美元，毕竟伊朗由什叶派把持，伊拉克也由什叶派执政（虽然腹背受敌），绍德王室仍很依赖美国帮忙抵御内忧外患。

然而，美国与沙特阿拉伯的关系已降至冰点，沙特阿拉伯受到美国的多次激怒。比方说，美国在“9·11”事件以后在中东大力提倡“民主”，这对并未实施民主的绍德王室来说十分刺耳。

沙特阿拉伯官员认为，美国冷战后在中东的霸权正逐渐松动，鲁莽糟糕的外交政策也拖累了沙特阿拉伯，例如美国不顾沙特阿拉伯的建议，执意推翻萨达姆政权，如今伊拉克简直濒临四分五裂。此外，美国政府始终无法迫使以色列对巴勒斯坦让步，没有落实 2002 年阿拉伯和平倡议的要求。

沙特阿拉伯知道伊拉克要是采取民主选举，绝对会选出由什叶派组成的政府，之后很可能与伊朗合作，因此美国从一开始就不该推翻萨达姆政府。沙特阿拉伯有了前车之鉴，当巴林在 2011 年发生暴动时，沙特阿拉伯没等白宫同意就先派兵，协助巴林的逊尼派政府大力镇压。

沙特阿拉伯觉得美国官员很不了解中东的实际局势，奥巴马政府尤其糟糕。“阿拉伯之春”爆发以来，许多沙特阿拉伯官员质疑美国并未信守与沙特阿拉伯和其他盟友的承诺。2011 年，埃及全境爆发抗争，奥巴马政府却没有积极作为，埃及的穆巴拉克政权与沙特阿拉伯在过去30 年一直是战略伙伴，这次最终以垮台收场，沙特阿拉伯为此对美国相当失望。后来美国决定减少对埃及新任总统塞西（Abdel Fattah el－Sisi）的军事援助，沙特阿拉伯再度大失所望，担心与塞西敌对的穆斯林兄弟会逐渐强大。

许多沙特阿拉伯官员责怪美国未妥善支持叙利亚的反小阿萨德抗争。小阿萨德政权使用化学武器，但奥巴马政府决定不攻击小阿萨德的军队，沙特阿拉伯政府闻讯后一肚子火。

伊朗问题也是如此。奥巴马一上任就对伊朗摆出和解姿态，尽管持续执行禁运制裁，却愿与伊朗协商，这等同于恩威并施。沙特阿拉伯认为这代表中东地区的势力平衡可能往一边倾斜，导致沙特阿拉伯暴露在敌人面前。

沙特阿拉伯以负面眼光看待美国与伊朗的协商，认为这无异于给了沙特阿拉伯一记耳光，再次让他们怀疑华府是否仍信守着保护沙特阿拉伯的承诺。

2007 年，普京造访沙特阿拉伯，这是首位造访沙特阿拉伯的俄罗斯领导人。他把一切看得清清楚楚，认为只要让沙特阿拉伯加入双鹰计划，要把美元赶下宝座会容易许多。

之后沙特阿拉伯始终与俄罗斯关系密切，甚至想与俄罗斯签订 150亿美元的军购合约，换取俄罗斯减少对小阿萨德政权的支持。俄罗斯不会急着做出这种重大决定，但如果美国从中东逐渐抽身，沙特阿拉伯与俄罗斯迟早会展开更密切的合作，很可能就从军售合约开始。不过，这一天还不会太快到来，因为目前沙特阿拉伯支持小阿萨德的对手，但俄罗斯是小阿萨德政权的盟友。

在这一天到来以前，中国已与沙特阿拉伯密切合作，毕竟中国正加快脚步。由于目前中国与俄罗斯关系良好，一旦中国与沙特阿拉伯密切交好，俄罗斯与沙特阿拉伯的关系也可能拉近。

这主要取决于沙特阿拉伯是否肯逐渐脱离油元体系，但比较符合沙特阿拉伯利益的做法还是周旋于两边，一边是美国，一边是中俄，与其选一边站，不如走在中间，而光是这样对普京而言就已足够。

沙特阿拉伯会怎么选择仍很难说，但也许哪天会做出下面这两种选择：

- 第一，美国没有以强硬手段对付伊朗与叙利亚，违背先前说好要保护绍德王室的诺言，沙特阿拉伯不再有理由继续遵守1973年的油元协议。
- 第二，任何交易都用美元实在愚蠢，导致额外花费，跟中国的交易尤其如此。

如果沙特阿拉伯这样认定，俄罗斯又显得是可信的靠山，沙特阿拉伯将改弦易辙，普京也就完成大计。

# 第十二章　后油元时代的美国

现在我要来讲本书开头那则故事的高潮。那故事描述金融海啸袭向西方世界，美国首当其冲，普京即将打乱格局。

华府部分人士已预见情节，却不愿公开承认：普京与盟友打破油元体系。现在你知道何谓油元，也知道油元有多重要。这件事必然发生——不是发生与否，而是何时发生。关键问题在于：届时会是何种情形？

油元时代终结时，是风云变色，还是云淡风轻？

历史难以提供答案。前一章提到英镑失宠，过程是 30 年再加两场大战，大英帝国的衰落之路更是走了许久。美国会面临类似命运吗？大概会，但三个因素指出美元的垮台将更迅速与凄惨。

第一，英国全盛时期统治的世界与今日截然不同。就经济层面而言，当时多数人口中心仍处在黑暗时代，对英国霸权构不成任何威胁，但如今许多人口中心非常具有经济实力，例如俄罗斯、中国与巴西等，他们既有办法建立不依赖美元的金融体系，又能够凭人口规模吸引别国加入。

第二，计算机网络让脱离美元变得容易。在拿笔记账的时代，只有超大企业有办法维持多种币别的账目，但如今现代数据处理技术发达，任何公司都能有多重币别的银行账户与会计系统，不再那么需要以单一储备货币作为国际商务的共通语言。挥别美元，远比挥别英镑来得容易。

第三，美元资产的抛售规模将前所未见。当年英镑背后有等值黄金担保，不像如今美国滥用美元作为国际储备货币的地位，恣意印钞。

尼克松在1971年“关闭黄金兑换的窗口”，美国扬弃金本位，从此出口美元与美元期票大行其道。英镑从未如此，因此届时外国人抛售的美元资产将极其可观，如同山洪爆发。

## 逐渐衰弱的美元

过去数十年间，一个个国家经历现代化，经济迎头赶上，美国占全球经济的比重逐渐滑落，不再是第二次世界大战之后那只庞然巨兽。1946年，全球大多数汽车由美国制造；2013年，比重滑落为12%。

另外，美国的军力目前仍在全球居冠，往后数年继续保有优势，有能耐攻击地球的任何角落，借此威吓任何没有核武器的麻烦国家。拥有这种武力显然好过没有，却也有两个不利于美元的缺点。

第一，维持军力很花钱。2013年，美国国防预算为6430亿美元，占全球总军费的1/3以上，几乎占美国总预算的20%。

可是美国不再负担得起。华府每花100美元，其中46美元是借来的。即使中国与俄罗斯不想搞垮美元，普京也不暗挖墙脚，光是一张张美元期票相继离开美国到境外投资最终都将拖垮美元。巨额国防预算几乎占美国政府赤字的一半，反而在替对手削弱美元。

第二，没有国家喜欢被别国牵着鼻子走。具备压倒性武力虽然有好处，但不加以自制，就容易招致怨恨。美国并没有太多自制，如今在全球招致诸多怨恨，理性与不理性的都有。如果各国不再那么需要美元，基于愤恨抛弃美元也是顺理成章。

## 爆发过程

爆发过程会分成两条路，同样给美国带来麻烦。一条路关乎美元本身，另一条路关乎美国公债与美元期票，过程可慢可快。

外国人持有超过6000亿的实体美元货币（例如百元纸钞），还在银行存有超过1兆美元——分别占这两种美元形式的65%与30%。当他们认为用其他货币从事国际交易也不错时，就会卖掉多数美元，换成其他货币。

美元汇率立刻暴跌。1 美元再也换不到先前那么多的卢布、人民币、巴西币或任何货币，进口商品的价格随之飙涨，沃尔玛超市的中国制造商品不再便宜，德国或韩国的汽车不再便宜，南美的咖啡不再便宜，非洲的可可粉不再便宜，许多现在渴求美元的贫穷国家的商品统统不再便宜。换言之，在全球背离美元的初期，美国陷入通货膨胀。

另一个推升通货膨胀的因素也登场。外国人不要的美元流回美国民众与企业的手中——否则没有其他地方可去。这些额外现金进一步让通货膨胀加剧。

外国人持有超过 5 兆美元的美国公债与定期存单，占总额的 47%。当美元告别储备货币的地位，美元持有者会告别美元，美国财政部与商业银行被迫调高利率吸引外国持有人在票券到期后继续投资，连带推升全美信贷市场的利率，导致现有债券的价格下滑。

先前提到两条路，一条是抛售美元本身，另一条是舍弃美元期票，而这两条路终将会交叉。通货膨胀造成美元的购买力下降，存户与贷方希望获得补偿，结果导致第二阶段的利率上扬。

这不只是金融新闻，还改变美国人的生活，改变美国政府的形象。

多数美国人的生活质量停滞或下降，进口商品变贵，房贷等也变高。这是一个教训，代表着明天不一定会比今天好。

美国政府要学着如何当全球资本市场的借款人，不再选择让债务增速超过经济增幅，政治人物被迫决定该如何把钱用在刀刃上。

## 迅速爆发的下场

多数美国人的日子不会好过。美元霸权松动是否会导致无数民众痛苦不堪的经济萧条，取决于爆发速度。

如果油元体系不是慢慢失灵，而是在一两年内迅速分崩离析，会造成什么后果？这是更冷的冷战的最糟局面：不是逐步减持美元，而是立刻抛售美元。你想看到这个局面吗，但也别以为绝不可能发生。

过去几年利率极低，美债的价格节节攀升。一旦出现美元抛售潮，利率至少高涨到20世纪70年代与20世纪80年代的高点（30年期公债的利率几乎高达15%），现有公债的成交价惨跌35%~55%，背负浮动利率房贷的民众苦不堪言，股市更是凄惨无比。

美联储会立刻抢先凭空印出数兆美元，买下外国人抛售的公债，但外国人会立刻卖掉刚拿到手的美元，换成实时可用的别种货币，导致美元汇率下跌，进口商品的价格随之继续攀高，通货膨胀更加严重。刚印出来的美元没人要，流回美国国内，进一步推升通货膨胀。

飙升的利率对全美经济也产生负面影响。

美国的银行会碰上麻烦。他们持有的债券贬值，原本贷款的利息收入比不上现在给存户的利息费用，恐怕要面临破产，联邦存款保险公司根本赔不起。你可以指望美联储靠继续印钞解决问题，但这会让通货膨胀恶化，比20世纪70年代更糟，年通货膨胀率可能高达20%。

金融体系恐怕面临更惨的局面，全球大型银行、保险公司、证券公司与对冲基金手上复杂无比的衍生性投资链断裂，后果不堪设想，我稍后会在“你家地下室的炸弹”部分补充说明。

美国政府的最后一招大概是不让外国人兑现公债，全球金融市场将出现史上最有趣的一天，无论“惊恐”“混乱”或“毁灭性混乱”都不足以形容。不过，如果美国政府替这一招搽脂抹粉一番，改为替投资人的利息收入暂扣高额税金，或许还行得通。一些国家也曾经有过不履行债务的时候，这些国家成功断尾求生，但违约规模比不上美国。

美国政府比较可能采取另一个做法，那就是要求个人退休账户与退休福利账户里必须有一定金额以上的公债——当然是以“保障账户所有人”为名义。

利率攀高不利于经济，不只打击房地产业，也打击借钱意愿，新的创业公司难以出现，现有企业难以扩张，消费者吓得不愿消费，失业率高到吓人的程度。

有一种状况是停滞性通货膨胀：高失业率、低或负经济成长率，外加高通货膨胀。生活必需品价格高涨，薪资反而下降，多数中产阶级沦为贫穷阶级，领薪水的人员叫苦连天。

美国政府被迫缩减开支——大幅缩减。美国政府不能再让46%的花费采用借的方式，至少很快会无以为继，原因是高利率让债务一下子变得无法收拾。减少开支意味着军队规模跟着大幅缩减，现在多数民众习以为常的服务与福利同样大幅减少。

靠政府救济的贫民面临冲击，数百万刚失业的民众也加入其中。民众开始心怀不满，局势迅速恶化，甚至出现街头抗争，远比占领华尔街行动粗野暴力，政府可能宣布戒严。

国际贸易不会中断，替代货币大概会冒出头，卢布与人民币最有机会。我确信普京梦想过卢布成为国际储备货币，但是否有货币能取代美元仍属未知数。

另一个可能的发展是黄金卷土重来，再度扮演先前在国际贸易上的角色。俄罗斯、中国、印度与其他国家在过去10年持续买进黄金，替这个变局预做准备。事实上，普京或许希望局势是这样发展的，毕竟俄罗斯的黄金产量居全球第三位，而且产量增加极快，普京甚至可能在国内发行金币。

## 你家地下室的炸弹

简单来说，“衍生性金融商品”的价格是从其他“标的物”的表现衍生而来，这类标的物包括特定股票、公债、一组特定的股票或公债、利率或各种金融指数。有些衍生性金融商品更复杂，价格取决于标的物表现是高于或低于特定标准，两者甚至可以相反，例如标的物的价格下跌，但商品本身的价格反而上涨。

可以想象某个疯狂科学家在实验室肢解各种动物，重新拼接为全新物种。衍生性金融商品正是这么古怪，甚至越来越怪。某个衍生性金融商品底下的标的物本身可能也是衍生性金融商品，再底下的标的物也包含一个或数个衍生性金融商品，整条衍生链又长又复杂，许多银行与其他公司牵涉其中，请求权与债权错综复杂。

衍生性金融商品及其风险指标背后有一套惯用的金融数学计算法，确保最低的标的物与金融指数永远不致偏离正常数值太多。这通常不会出问题，但如果太不正常的事情（一百年才发生一次的事情）发生，例如各国摒弃原本的国际储备货币，后果将一发不可收拾。

届时可不只是银行与保险公司面临巨大损失这么简单。由于许多衍生性金融商品太过错综复杂，牵涉其中的业者很难迅速评估损失，结果所有业者（很可能包括你有存钱的那家银行）都看似要破产，其中许多也确实如此。

尽管各单位评估出来的数目不同，但所有衍生性金融商品的名目价值约为600兆美元。当美元垮台，一切恐怕大乱。在2008年到2009年的金融海啸期间，大家已经见识到崩盘的惨状。如果美元面临抛售潮，情况将更严峻。

2008年到2009年，信任感消失，各银行拒绝贷款给其他银行，因为没人知道对方的担保品有多少价值。金融体系停摆，我们差一点就能见识到美元垮台时的情景。

银行会倒，券商会倒，信用紧缩，债务人集体违约，个别投资人惨赔，连养老金也不翼而飞，全球大萧条接踵而至。

这是前所未见的金融惨况。

## 悬崖勒马

这些其实并非不可避免。美国政府要避开危机十分简单。

- 削减庞大的政府开支。如果政府负债速度低于经济增长速度，美元的危机抵御力会大幅增强。
- 别有求必应，别在遇到任何国际冲突时都要插手。这样一来，美国这个受到两大洋保护的国家能少花不少国防预算，但国家依然安然无恙。
- 停止税务减免与福利救济，别鼓励大众不工作、不生产也不存钱。

- 别盲目干预国内能源产业的发展。

现在悬崖勒马还来得及，就是这么简单，但你自己想一想美国政府采取这些措施的概率有多高。

## 个人应对之道

别等有远见的政府高层采取行动避免变局，你应该知道自己应该怎么应对美元危机并未雨绸缪。

- **第一步**：最简单管用的第一步是把部分美元换成天然储备货币，也就是黄金。你可以买金币，例如美国鹰扬金币、加拿大枫叶金币或南非克鲁格金币，甚至最好三种都买，而且与其存放在附近银行，不如藏在自己伸手可得的秘密地方。另外，买些银子也不错。
- **第二步**：在美国以外的银行开户，以外币形式持有部分财产，最好是选择你想在那个国家生活的国家的银行。

现在你有各种应急法宝，不妨开始谨慎布局，等经济因美元失宠陷入混乱时还能得利。届时普京或许已主宰全球资源，经济版图面临前所未有的变动，没准备好的会苦不堪言，准备好的可能迅速致富。

那么该从哪里着手呢？

最佳获利方式是投资小型能源公司，无论石油、天然气、铀矿或者其他能源产业都行。这类小型公司的股价变动极大，粗心乱买唯恐惨赔，但如果押对宝，股价可不是上涨10%～20%，而是暴涨10～20倍，甚至更多。

我靠投资小型能源公司改变人生，普京先生的长远计划能带给你类似的机会。

靠小型能源公司致富的最大关键是将赌注押在专业团队身上。你不必是地质学家或工程师，也不必有商业管理硕士学位。

你需要的是专心投资在好团队身上，根据其学识与经验挑出有望成功的团队，他们知道如何避开小型公司容易碰到的阻碍。如果决策者不够聪明，即使握有再好的能源资源也无济于事，容易受环境或法规问题所困，在开发阶段募集不到所需资金，无法顺利打出油田或矿井。

小型能源公司之间流传这样一句老话：“平庸团队搞砸最佳国家里的最佳机会，最佳团队则在最佳国家里找出最佳机会。”

## 把新技术用在老地方

如今最大的机会就是把现代技术用在旧的油田、天然气田与矿井。比方说，美国有些岩层含有石油与天然气，原本开采起来不符合经济效益，但如今能靠水力压裂采气与水平钻井技术开采，获利甚丰的巴奈特与巴肯页岩油田就是例子。

当普京忙着投入亚洲的能源开采计划时，聪明的团队正重新造访欧洲闲置的油田与天然气田，这些地方早在美国开挖第一座油井之前即投入生产，现在能靠水平钻井等现代技术脱胎换骨，欧洲消费者将趋之若鹜。

整本书谈到普京如何下出一步步棋，让俄罗斯主宰全球资源。现在有些小型能源公司也在奋战，想替西欧找出替代俄罗斯的新能源，只要你选对公司，一旦他们成功，你也会财源滚滚来。

俄罗斯与西方世界的冲突愈演愈烈，掌握能源或其他资源日益重要。要从普京的心头大计中得利，关键就是先了解这个事实的全过程。

希望你能好好把握。

# 后　记

即使在我准备把原稿寄给出版社之际，相关事件仍接连发生，接下来我打算概述几个最新事件。2014 年 7 月 17 日，马航 MH17 班机从阿姆斯特丹飞往吉隆坡，在乌克兰大城顿内次克东部遭到击落，距离俄罗斯国界约 50 千米，共计 298 人丧生，事故原因显然是亲俄分裂主义分子误以为这架班机是乌克兰战机，以俄制山毛榉防空导弹展开攻击。俄罗斯自认没有责任，过错是在乌克兰；乌克兰自认没有责任，过错是在俄罗斯。

欧盟与美国对俄罗斯祭出更多制裁，但这跟先前一样有利有弊。卢布贬值将近 10%，对俄罗斯消费者与借有外币的俄罗斯企业不利，但对石油、天然气、原料铀与其他产品的出口者有利。

伊斯兰国在伊拉克大举扩张地盘。先前奥巴马要求美军撤离伊拉克，出现势力真空区，伊斯兰国趁机抢占地盘，还把美军留下的武器与军备据为己有。伊斯兰国威胁到库德斯坦与当地油田，也威胁到美军在伊拉克的最后一个军事基地，美军正开始反击。

以色列与哈马斯在加沙走廊酣战。跟 2008 年那场冲突的一大差异在于，这次攻击目标包括欧洲媒体上的以色列人、脸书等全球社群网站上的以色列人，甚至还有美国境内的以色列人。也许全球早已忘记（或不愿想起）哈马斯的目标不只是把所有以色列人赶出巴勒斯坦，还要赶出整个地区。

尽管发生这么多事，主线发展依然不变。美国每次向俄罗斯出招未必有好结果。美国每对俄罗斯祭出一项制裁，更多公司或国家就得到摆脱美元的获利机会；美国每次批评俄罗斯，只证明美国除了批评以外根本拿俄罗斯没辙；美国每对某个中东变局失控，只证明光靠美国保护并不够——沙特阿拉伯政府尤其这样看。

故事未完，很感谢你听我畅谈目前的发展。你可以上“http：//katusaresearch. com/”追踪最新消息，订阅免费的电子周报。我很希望你能上上这个网站。你付钱买了这本书，所有最新消息任你免费享用。